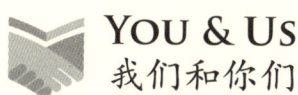

YOU & Us
我们和你们

中国和阿根廷的故事

郭存海 主编

五洲传播出版社

图书在版编目（CIP）数据

中国和阿根廷的故事 / 郭存海主编 . -- 北京：五洲传播出版社，2018.11
　（我们和你们）
　ISBN 978-7-5085-4054-2

　Ⅰ . ①中… Ⅱ . ①郭… Ⅲ . ①中外关系 - 友好往来 - 阿根廷
Ⅳ . ① D822.278.3

中国版本图书馆 CIP 数据核字 (2018) 第 243913 号

中国和阿根廷的故事

主　　编： 郭存海
出 版 人： 荆孝敏
责任编辑： 高　磊
装帧设计： 正视文化
出版发行： 五洲传播出版社
地　　址： 北京市海淀区北三环中路 31 号生产力大楼 B 座 6 层
邮　　编： 100088
发行电话： 010-82005927，010-82007837
网　　址： www.cicc.org.cn www.thatsbooks.com
承　　印： 北京圣彩虹科技有限公司
版　　次： 2019 年 1 月第 1 版第 1 次印刷
开　　本： 787×1092mm 1/16
印　　张： 16
字　　数： 220 千字
定　　价： 56.00 元

序一

　　本书提出了一个引人注目且十分新颖的目标：从个人角度加深阿根廷与中国的关系。两国的作者们从外交官、知识分子、作家和学者等视角出发，通过记述在对方国家精彩的亲身经历，让人们看到了联系两国的全面战略伙伴关系的另一个角度。

　　很多杰出的中国公民为我们讲述了他们眼里的阿根廷、他们独特的文化背景，这使我们也能更好地了解我们自己；同时，我们曾有幸在北京、上海或中国的其他大城市生活过的同胞也给我们带来了只有浸入这个遥远国度的日常生活才能发现的独特视野。

　　市场的开放和贸易及投资对双边关系的促进毫无疑问是多方面的，而文化上的联系和企业之间的接触则让双边经济关系不断加强。虽然这一点不易为人察觉，但往往正是这方面存在的一些偏见会影响整个关系的正常发展。

　　两国战略关系的深化应该伴随着更进一步的相互理解，而这正是这本珍贵的文集所力图促成的。阿中两国于 1972 年建交，但实际上直到最近几年两国才形成亲密的友谊，让我们突破了遥远地理距离的限制，真正贴近彼此。这方面最具说服力的例子就是，今年布宜诺斯艾利斯 G20 领导人峰会上，习近平主席和马克里总统将第五次会面。这在两国外交关系中是史无前例的。

中国近年来转型之迅速,在世界历史上可谓独一无二,令人叹为观止。这也使得阿根廷政府和企业层面的观念无法跟上她的脚步——如此巨大的变化让我们难以适应。举一个例子,那就是中国的消费文化。理解本书中各位作者从个人角度阐述的两国社会之间的互动,是一种促进双方经济互补的方式。认识中国全新的购物模式,比如越来越强烈的数字化运营趋势、在线支付、对高质量食品的需求、品味升级等,可以让我们更有针对性地调整供应,从而更好地进入广阔的中国市场。

阿根廷正在经历着自己的出口革命,而中国在其中扮演着重要的角色。两国当今的紧密联系在 15 年前是无法想象的。当下,我国在这个重要的战略伙伴国经济中的参与度不可限量。为中国消费者提供具有高附加值的产品是我们的目标之一。为此,我们必须理解中国发生的转变,而且认识到这些转变还在不断进行中。

本书从诸多角度为促进这一理解作出了巨大贡献。在此,我们要向为我们带来独特观察视角的两国大使、文化参赞,以及两国的学者、作家、译者、记者等人士致敬。

此外,我们还要特别感谢本书的主编——中国社会科学院拉丁美洲研究所的郭存海博士,是他将这部双语著作中的各种观点以一种十分和谐的方式串联在一起。

这本书反映了阿根廷和中国为深化双边关系进行的对话和努力——正如书名所示,这是我们和你们的故事。

奥拉西奥·雷伊塞尔·特拉维斯
阿根廷外交部国际经济关系国务秘书
2018 年 11 月

序二

由中宣部组织出版的《我们和你们：中国和阿根廷的故事》一书，汇集了中阿两国多位友好人士的真实人生故事，从多个角度展现中阿关系的不断发展和两国人民的友好互爱，真挚之情溢于言表。中阿深厚友谊薪火相传，离不开各界仁人志士的不懈努力和艰苦奋斗。借此机会，我谨致以崇高敬意和诚挚感谢。

阿根廷是我外交生涯中首次常驻的国家，我对她充满感情。25 年前，这里善良友好的人民、醇厚甘洌的马尔贝克红酒、鲜香多汁的烤肉、享誉世界的足球和探戈，定格成了我对阿根廷的美好记忆。2014 年我有幸出任中国驻阿根廷大使，故地旧友使我倍感亲切，我亦深感责任重大、使命光荣。我欣慰地看到，在中阿双方的共同努力下，两国政治互信不断深化，经贸合作成果丰硕，人文交流成绩斐然。特别是确立全面战略伙伴关系以来，双边关系进入了全方位、宽领域、多层次发展的快车道，中阿已成为真诚互信、互利共赢的好伙伴。

中阿关系始终持续深入发展，不断焕发蓬勃生机，究其根源，是因为两国关系拥有坚实的政治、经济和民意基础，做到了三个"始终坚持"。

一是始终坚持相互尊重、平等相待原则，不断深化双方政治互信。中阿始终尊重对方走符合自己国情的发展道路，相互理解和支持对方的核心利益和重大关切，两国历届政府均保持友好关系。近年来，两国政府、议会、政党、地方高层保持密切交流，政府间常设委员会、议会政治对话、经济与战略对话等机制运转良好，成为统筹指导双方发展战略对接的机制性平台。双方在二十国集团（G20）、联合国、世贸组织等重大全球性议程上立场相近，沟通密切，两国政治互信和战略协调不断加深。

今年7月，习近平主席和马克里总统在南非金砖峰会期间会晤，这是两国元首两年多来第四次会晤。双方重申将坚定推进中阿全面战略伙伴关系深入发展，为两国各领域合作注入强大动力。近期阿根廷发生金融形势波动以来，习近平主席两次致函马克里总统，明确支持阿为实现国家稳定和发展所作努力，凸显了中国对阿根廷发展前景和中阿关系的坚定信心，向国际社会释放了强烈的积极信号。

二是始终坚持互利共赢、共同发展原则，不断加强各领域务实合作。中国是阿根廷第二大贸易伙伴和第一大农产品出口目的地国。近年来两国经贸合作发展迅速，2017年双边贸易额达138.09亿美元。中方高度重视并花大力气解决两国贸易不平衡问题，今年双方历史性签署了带骨、冰鲜牛肉等产品输华的质检议定书，并同意加快阿蜂蜜、车厘子、羊肉、牛遗传物质等产品输华议定书的谈判，未来将有更多阿根廷优质产品走进中国的千家万户。两国投资合作从无到有、发展快速。截至今年7月，中国累计对阿投资140亿美元，涉及能源、铁路、通信等关键民生领域。金融领域，两国央行开展本币互换已近十年，近期正就扩大本币互换规模进行积极协商，以助力阿根廷应对外部金融风险，这再次向国际社会表明了中国对阿根廷发展前景的信心。

三是始终坚持包容开放、互学互鉴原则，不断密切人文交流。国之交在民相亲，民相亲在心相通。近年来，两国高校、智库、媒体、艺术团体等交流互访频繁，两国人民在感受不同文明的魅力中不断增进彼此了解。"汉语热"、"中国热"在阿社会日益兴起，中国政府对阿奖学金名额逐年增加，在阿开设的 2 所孔子学院和 3 所孔子课堂已成为两国人民相知相亲的有益平台。阿根廷"欢乐春节"是拉美地区规模最大的春节庙会，今年逾 80 万人参与其中，深受当地群众喜爱。双方在旅游、足球等领域的交流合作方兴未艾，在两国领导人亲自关心下，中阿足球合作今年正式启动，目前已有十余名中国少年运动员在当地专业俱乐部接受系统训练，我期待看到"中国梅西"从这里走向世界。阿根廷旅游热在中国持续升温，2017 年中国赴阿游客增至 6 万人次，比 2016 年翻了一番。

阿根廷是拉美大国和重要新兴市场国家，是中国在拉美的重要战略伙伴。今年 11 月 30 日至 12 月 1 日，G20 领导人峰会将在布宜诺斯艾利斯举行。我们期待习近平主席结合出席 G20 峰会对阿根廷进行访问，这将是中共十九大后习主席首访拉美，也将是习主席同马克里总统第五次会晤，对提升中阿关系和深化中拉整体合作具有里程碑意义。

站在新的历史起点上，中国愿同阿根廷一道，以习近平主席出席 G20 峰会并访阿为契机，共同开创中阿全面战略伙伴关系的新时代，更好造福两国人民。

杨万明

中国驻阿根廷大使

2018 年 10 月于布宜诺斯艾利斯

目 录

交流篇

记忆篇

中国，我的漫漫旅程

盖铁戈（阿根廷共和国驻华大使）

中国进驻我内心的时间，远比我在中国生活的时间要长得多。2016 年 3 月 20 日，我来到北京就任阿根廷共和国驻华大使。但在内心深处，我的中国之旅早在 46 年前就已经启程。

1970 年，我还是一个年轻的法学专业学生。我参加了一些反对右翼军事独裁统治的政治运动。我们那一代人年轻时都经常痛斥"两大帝国主义者"：美国和苏联。我们认为自己处于"第三世界"，并坚决反对两大阵营对这个世界的争夺。

"伟大的舵手"毛泽东是当时最重要的外国领袖形象，继他之后还有菲德尔·卡斯特罗和法国将军夏尔·戴高乐；另外，武元甲将军也因为在越南击败法军和美军而十分令人敬仰。对那时的阿根廷而言，最高领袖是胡安·多明戈·庇隆将军——他在 1955 年的军事政变中被推翻后被迫流亡西班牙。然而，毛主席让其他所有这些领袖显得黯然失色。他击退了日本侵略者，在内战中打败了国民党，还使中国摆脱了苏联的控制。当然，那时我们对"文化大革命"和"四人帮"一无所知。

毛泽东确立了"第三世界"这一概念，那时他对于我们来说是一个来自遥远国度和文化的神秘形象。他的形象总是与周恩来总理一并出现。提到后者，我们总是会把他和 19 世纪伟大的梅特涅或帮

1960 年 11 月，周恩来总理、李先念副总理设宴招待到访的古巴国家银行行长格瓦拉（左 1）一行。（供图：朱祥忠）

助理查德·尼克松做幕后工作的基辛格联系起来。曾有幸亲自与"伟大的舵手"见面的两位拉美领袖是萨尔瓦多·阿连德和切·格瓦拉。这二位都是悲情角色，在美国和苏联的"冷战"中被裹挟。不过，最终"和平共存"还是取代了"核浩劫"。

那是 1962 年的拉丁美洲，我们几乎处在核战争的边缘——苏联在古巴部署了核导弹，可以直接打击华盛顿。最终，理性战胜了疯狂，苏联人为了让美国人从土耳其撤出瞄准莫斯科的导弹，撤走了他们自己的距佛罗里达海岸仅有 90 英里（注：1 英里约合 1.6 千米）的致命武器。

20 世纪 80 年代

到 20 世纪 80 年代中期，世界上很多事情都发生了改变。苏联在衰退，阿根廷恢复了民主，邓小平则在不断巩固 1978 年提出的"改革开放"。

邓小平是那时我最敬仰的领导人。我那时已经当上了议员，同时担任国会外交事务委员会副主席。在这样的背景下，我第一次来到中国。那时的中国到处都是贫穷的乡村，工业发展很快但尚处于初级阶段。

80 年代是过渡的阶段，里根总统即将赢得"第三次世界大战"，也就是冷战。70 年代曾奋起反抗军事独裁的我们，在这个时期开始全力支持新兴的拉美民主政体。阿根廷的劳尔·阿方辛、巴西的若泽·萨尔内、智利的帕特里西奥·阿尔文和胡里奥·桑吉内蒂等人，都在寻求一种综合解决方案，以便从两大阵营争夺世界霸权的对抗中摆脱出来。而中国在经历了 1966—1976 年的十年浩劫后，整个国家之前的努力几乎付之东流，但在这时又重新燃起了变革的梦想。

20 世纪 90 年代

20 世纪 90 年代，我开始投身外交事业，曾担任驻欧盟大使、驻巴西大使和驻美国大使等职务。在美国，我与当时的中国驻美大使杨洁篪结识。杨先生是 21 世纪中国崛起成为"新兴世界超级大国"这一进程中的核心人物之一。同时，我也有幸认识了亨利·基辛格，那时他正在撰写其巨著《论中国》；基辛格博士后来成为我重要的人生导师，让我更好地学习和理解中国社会。

在这个十年，中国经济年增长率约为 10%—12%，引领了人类历史上最伟大的社会包容进程和城市化进程。同期，阿根廷与巴西、乌拉圭和巴拉圭一起，参与了一项成功的区域一体化建设，即"南共市"（南方共同市场）。智利则作为典范国家，巩固了它作为这一共同市场亲密合作伙伴的地位。智利是我们这一区域第一个放眼太平洋并加强与中华人民共和国关系的国家，2005 年，它成为拉美第一个与中国签署自由贸易协定的国家。

"ABC 国家"（阿根廷、巴西、智利）历史上曾有 100 多年时间在政治和军事上关系十分紧张，近年来则形成了"和平区域"，共同放眼太平洋，建立了互信关系，将中国视作我们共同的投资者、借贷者和贸易伙伴。从阿根廷的角度来看，我们阿根廷人永远也不会忘记中国在 1982 年马岛战争期间给予我们的支持。

新世纪

我漫长的中国旅途仍在继续。进入 21 世纪后，我作为阿根廷新兴政党"共和国方案党"（PRO）的外事秘书，应中国共产党的邀请来到中国。共和国方案党是由一位阿根廷商界和体育界的重要领导人物创立的。这个人事业有成，成绩斐然，但他走出了个人事业的"舒适区"，毅然投身于拯救自 2001 年起陷入史上最严重危机的阿根廷。

毛里西奥·马克里先生曾先后担任国会众议员、布宜诺斯艾利斯自治市市长，并于 2015 年当选阿根廷共和国总统。当年 12 月 10 日就任之后，马克里总统立刻任命我为阿根廷驻中华人民共和国大使。于是，当年那个从 70 年代就崇拜中国的头发浓密的年轻议员，开始了这段"love story"的全新征程，住进了位于北京市朝阳区三里屯阿根廷使团驻地的大使官邸。当然，如今的他，体重增加了，头发也变得稀疏了。

2016 年 5 月 17 日，习近平主席接受盖
铁戈大使递交国书后，与其合影留念。

　　我的夫人薇薇安娜陪伴我开始了这次全新的旅程，她和我拥有
同样的信念和热情，而且她对这个幅员辽阔的国家的传统和文化抱
有极大的好奇心。我和她一起走遍了这片状如雄鸡、势如猛虎的中
国大陆的东西南北；尝遍了中国的上千种美食，学习品鉴与我们的
烤肉和意面大不相同的菜肴。在这里，阿根廷人一般被称作"讲西
班牙语的意大利人"，要么就是"像意大利人一样吵闹的西班牙人"。

共同文化

　　我们两国间除了高度互补的全面战略伙伴关系，更有意思的就

2018 年 6 月 20 日，盖铁戈大使在"有关纺织品的鲜活记忆——传统和现代工艺品走向世界"展览开幕式上与北京大峪中学师生合影。

是"人类的共性"。虽然我们之间距离遥远，约有 20000 多公里，但我们的情感十分相似。阿根廷社会的四大元素——足球、探戈、烤肉和葡萄酒，在中国都同样甚至更加受到热爱。

我认为中国人就是"害羞的拉丁人"，他们只是不擅长表达他们的激情。他们默默地把这个国家建设得更加美好，同时也为与他们密切联系的 130 多个国家的发展和福祉作出贡献。

阿根廷人有很多地方要向中国朋友学习。我们在内斗中浪费了太多资源。当然，中国也经历过多年的"黑暗时期"：反侵略战争、内战、大饥荒，以及政治和经济上的错误路线等。但是，中国从错误中汲取了教训，又重新站了起来，把今天的中华人民共和国锻造成一个伟大的国家。

21 世纪

正如 20 世纪是美国的世纪、19 世纪是英国的世纪、18 世纪是法国的世纪、17 世纪是荷兰的世纪、16 世纪是西班牙的世纪一样，中国为 21 世纪赋予了"身份符号"。

当前，我们似乎"回到了过去"，又开始了新一轮的大集团间的对抗。在这样的背景下，中国必须利用自己独一无二的杰出经验：她是唯一一个不需要挑起战争和赢得战争就能成为超级大国的国家。她从未占领过其他国家的领土，也没有压迫过其他民族。世界上 130 个国家都把中国当作最主要的贸易伙伴。尤其是在最近十年，也就是自 2008 年金融危机爆发后的十年，中国向世界展示了和平、发展和合作是实现当今世界最主要四大目标的重要途径。这四大目标为：消除贫困、保护环境、消灭恐怖主义和打击毒品贩运。如果我们执着于"贸易战"，上述目标都不可能实现，而且如果走向更严峻的对抗，那后果势必更为严重。

可实现的梦想

21 世纪也可以是"阿根廷的世纪"。我们与中国的全面战略伙伴关系在实现我们自己的"阿根廷梦"的过程中扮演着核心角色。我们的梦想与中国的梦想十分相似，即消除贫困，实现全民福利、医疗和教育，保证老人和儿童生活幸福。中国人正在实现自己的梦想，我们阿根廷人也可以。我们有这个友好国家的支持。

我人生的旅程已经走到了最后的篇章。中国这个国家在过去、

探戈在中国不断升温。

现在和未来都是我人生中最有价值的一部分。我的孙辈知道，中国是"世界的中央"，而"远东"已经是一个过去的概念。阿根廷也必须摆脱"世界尽头"这一标签。

不看到梦想实现，我绝不会离开。

我亲历的北京奥运火炬布市传递

曾　钢（中国前驻阿根廷大使）

　　从 2007 年 10 月到 2010 年 12 月，我有幸出任中华人民共和国驻阿根廷共和国第 11 任特命全权大使。在三年多的任期当中，我亲身经历了中阿关系逐渐升温和提速的发展过程。其中最令我难忘的，当属 2008 年 4 月北京奥运会火炬在布宜诺斯艾利斯的传递活动。

　　我接到出使阿根廷的任命时，北京奥组委已经发布了奥运火炬海外传递的路线和日程安排，阿根廷是唯一一个境外传递的拉美国家。

　　我和夫人刘令娥经过长途跋涉，于 2007 年 10 月 17 日抵达这个世界上距离中国最遥远的国家。到任后，我顾不得旅途劳顿，很快就投入到紧张的工作中。

　　由于火炬传递活动是由布市政府主办，我首先联系拜会了布市外事局局长富尔维奥·庞佩约。庞佩约告诉我，毛里西奥·马克里市长是阿根廷政坛重量级人物，他目光远大，颇有政治抱负，打算通过治理布市施展政治才华，为将来问鼎总统宝座创造条件。此次布市入选北京奥运火炬境外传递城市，马克里功不可没。这一方面是出于他对体育事业的热爱和对中国的友好，另一方面也是希望借此向全世界展示布市的风貌，提高其国际知名度，吸引更多的游客和投资。庞佩约提及，布市政府和联邦政府分属于政治互相对立的两个政党，关系比较复杂微妙。我表示，相信阿联邦政府和布市政府在国内问题上虽政见不同，但在对华友好和崇尚奥运精神方面应该是完全一致的。北京奥运火炬布市传递成功与否，不仅关系到布市的声誉和形象，也关乎阿根廷国家的声誉和形象。因而在此问题上，我认为阿联邦政府和布市政府乃至中国政府三方是休戚与共的关系，必须同舟共济。

我抵任后不久，就拜会了阿奥委会主席胡里奥卡·卡萨内略和第一副主席阿利西亚·莫雷亚。他们表示，阿奥委会对布市入选拉美唯一参与北京奥运火炬传递活动的城市感到非常荣幸。这是阿根廷第一次参与奥运火炬全球传递活动，而根据国际奥委会的相关规定，从2012年伦敦奥运会开始，奥运火炬将终止在五大洲的传递。对阿根廷来说，这次奥运火炬传递真可谓是"空前绝后"的，因而备受阿方珍惜。

火炬传递的重中之重是安全保障。布市传递涉及阿根廷三个治安部门：机场归宪兵部队管辖，城区归联邦警察管辖，而火炬传递的起点马德罗港口区则归海岸警卫队管辖。我分别拜会了这三大治安部门的司令，和他们建立起良好的工作关系和私人友谊。

上述拜会之后，大使馆、阿奥委会、布市政府和阿根廷各治安部门多次举行联席会议，共同研究火炬传递活动方案。设计的传递路线如下：起点为马德罗港新区生态公园，途经市中心，然后向城市东部行进，最后抵达终点——跑马场。前段是最新的城市休闲娱乐区，中段是历史文化景点最集中的老城区，后段是景色和环境最优美的公园绿地和富人区，全程13公里。

80名火炬手接力传递。中方和阿方商定，其中5名火炬手由使馆推荐担任。驻各火炬传递活动国家的中国大使理应作为火炬手参加全球接力活动。北京电视台还专门派小组赴阿根廷对我作为火炬选手进行了采访和报道。

正当各项准备工作紧张有序地进行时，令人不安的消息接踵而来。2008年3月14日，一些不法分子在西藏拉萨蓄意制造打砸抢烧暴力事件，被中国政府迅速平息。达赖集团借机发难，提出"决战奥运"的口号，组织人员接连暴力冲击我驻美国、英国、法国、印度等十多个使领馆，并与"疆独""法轮功""民运"及国际反华媒体和政客沆瀣一气、相互呼应，在国际上掀起一股抵制北京奥运会及火炬海外传递的污泥浊水。一时间，形势急转直下。

大使馆向阿方及时通报有关情况，重新审视火炬传递路线及安保方案。我临危受命，成为布市火炬传递及火炬手安全的中方"第一责任人"。鉴于仅靠阿方警力恐已难以应付新的安全形势，使馆遂动员中资企业、留学生和爱国华侨华人社团配合阿方安保工作，防止敌对分子破坏和骚扰火炬传递。阿方建议使馆向中方有关人员提供明显识别标志，以便现场维护治安人员能对敌我双方的中国人进行识别。为此使馆决定，我方人员全部身着具有明显奥运标志的红色外套和太阳帽，既可方便阿执法人员辨认，也可造成震慑敌对分子的声势。阿根廷华侨华人联合会和阿根廷中国和平统一促进会的会长们态度鲜明地表示，广大旅阿侨胞都期盼北京奥运会及奥运火炬布市传递成功，听说有机会为此出力都一呼百应。中国远洋运输公司（简称"中远"）和华为公司主动出资捐献，国内企业赶制并由中远公司紧急运送 2500 套印有北京奥运火炬传递口号和标志的红色衣帽，发给那些为火炬保驾护航的中方人员。

4月1日，北京奥运火炬境外传递活动正式拉开帷幕。各种反华敌对势力也伺机干扰破坏。在第二站伊斯坦布尔、第四站伦敦、第五站巴黎和第六站旧金山，均出现了"疆独""藏独"和其他反华势力破坏火炬传递的企图。这种情况让所有对华友好和崇尚奥林匹克精神的人士感到痛心、愤慨和担忧。这时，全世界的目光都投向了火炬传递的下一站——布宜诺斯艾利斯。

阿方和大使馆均已进入临战状态。有情报说，北美和南美周边国家的反华敌对分子已在互相串联，策划纷纷前来布市集结，并将在火炬传递当天采取阻挠破坏行动。阿方治安部门为此部署了其有史以来人数最多的警力，除 2000 多名联邦警察和海岸警卫队士兵外，还出动了上百名警官学校的士官生。数百中资企业员工、留学生和 2000 多名爱国侨胞被布置在火炬传递沿途，特别是起点、终点和五月广场、方尖碑、科隆剧院等重点地段。我们经仔细观察研究伦敦、巴黎和旧金山三站的实况录像，发现火炬传递沿途尽管警方戒备还算比较严密，但总是难以完全彻底拦住那些铤而走险、突然冲出来抢夺火炬的不法之徒。特别是当他们采取团伙行动手段时，警方往往顾此失彼，难免出现漏洞。因此，有必要建立起警戒人墙，将火炬手和火炬隔在当中，并伴随火炬手一路前行，使敌对分子根本无法接近火炬手。我们还注意到，在巴黎有不少身穿黑背心、挥舞"手铐五环"黑旗和达赖集团"雪山狮子旗"的敌对捣乱分子，一直尾随奥运火炬，并与沿途的抗议者汇合，一路高举横幅，狂呼口号，气焰非常嚣张。而手举红旗和横幅的火炬传递支持者虽然人数也很多，但基本上都规规矩矩地站在马路两侧，形不成以正压邪的气势。有鉴于此，我们特意安排了一些年轻、身体条件好的中资机构人员、留学生和当地侨胞，让他们在火炬手、护卫士及阿警方人墙外围一起跟跑，以保护火炬安全。

国内曾提出，为保险起见，把在布市传递的距离也缩短一半。使馆考虑到阿根廷的实际情况，虽存在一定风险和必须担当相应责任，但最终仍建议维持原路线不变。

4 月 10 日上午，布市火炬传递前夕，我前往阿总统府玫瑰宫拜会克里斯蒂娜·费尔南德斯总统。我按照国内指示向她通报了北京奥运火炬全球传递情况，感谢阿联邦政府、布市政府和阿国家奥委会为北京奥运火炬布市传递提供的大力支持，并表示希望和相信，在各方的共同努力下，奥运火炬将在这座美丽的南美洲城市成功传递奥林匹克精神、传递和平和友谊。克里斯蒂娜总统表示，北京奥运会火炬在布市传递将进一步增强两国人民之间的相互了解、和平与友谊。她强调，这是奥运火炬第一次来到阿根廷，阿人民格外珍惜这次难得的机会。阿政府将为火

北京奥组委副主席、北京市副市长刘敬民（中），曾钢大使（右）和阿根廷奥委会第一副主席阿利西亚·莫雷亚在布宜诺斯艾利斯国际机场展示奥运火种灯。

炬传递的顺利进行予以全力支持。正如我的基本判断，阿根廷这个国家各政党和社会各界内部虽然矛盾错综复杂，纠纷层出不穷，但在对华友好方面态度和立场基本一致。毫无疑问，这与中国对广大发展中国家的外交政策和使馆长期以来对阿开展友好工作取得的良好成效密不可分。

当天下午，我率领使馆主要外交官前往布市埃塞萨国际机场迎候北京奥运火炬传递运行团队专机的到来。阿奥委会第一副主席莫雷亚代表阿方接机（阿奥委会主席卡萨内略当时正在北京出席国际奥协代表大会）。下午5时，"奥运圣火"号专机准时抵达。北京奥组委执行副主席、北京市副市长刘敬民手提火种灯，在两名圣火护卫手的陪同下走下飞机，我和莫雷亚女士一起走到舷梯旁迎接，并和刘敬民共同举起火种灯，向欢迎人群展示圣火。随后，阿方仪仗队举行了简短的欢迎仪式。

从机场乘车到市中心下榻酒店的路上，整个团队都寡言默语，情绪沉闷。这时，北京奥组委主席刘淇通过刘敬民的手机和我通话，他非常关切地询问了我对布市火炬传递安全形势的估计。我作了简要汇报，表示阿联邦政府和布市政府对办好此项活动都很有诚意，民众对中国真诚友好，警力部署比较完善，使馆动员组织和应急工作全部到位，"我们对布市火炬传递活动能够成功进行有信心和把握。请国内放心！"

11日中午，我和使馆主要外交官随火炬传递运行团队乘车前往布市传递的起点——马德罗港口区生态公园。沿途看到一些支持和抗议火炬传递的人群都在街头重要地点安营扎寨。天上的云层开始逐渐增多变厚，天气预报午后有雷阵雨，大家都感到有些担心。

当车队抵达火炬传递开幕式现场和出发地——生态公园露天剧场时，人们都被眼前出现的景象震撼了。一眼望去，一片红色的海洋！仪式会场的外围聚集了近千名爱国华侨华人和留学生，他们全都身着印有"点燃激情、传递梦想"口号的红色运动衣，头戴印有"中国北京"和奥运会五环标志的红色运动帽，手持五星红旗和"祝北京奥运会圆满成功""北京奥运，百年梦圆""祖国昌盛，民族团结"等巨型红色横幅。当我们下车时，全场红旗挥舞，欢声雷动。整个火炬运行团队的情绪一下子全都振奋了起来，团员们纷纷举起手机拍照，脸上露出久违的笑容。

后据媒体报道，当天布市有十多万民众涌上街头迎接和观看火炬传递，场面极其壮观热烈。有不少人是从外省赶来布市的。虽然当天是一周当中生意最好的星期五，但仍有大量华侨华人老板关闭了自己的超市、商店和餐馆，带领全家人及其员工上街迎接、保护火炬和圣火。

13时30分，庆祝火炬传递开幕的文艺演出正式开始，艺术家们表演了阿根廷国粹探戈。14时15分，仪仗队奏响中阿两国国歌。阿根廷奥委会第一副主席莫雷亚女士发表讲话，她对奥运圣火从遥远的北京穿越半个地球来到布宜诺斯艾利斯表示热烈欢迎，并祝愿这一传递和平与友谊的激情之旅取得圆满成功。

阿根廷帆船运动员埃斯皮诺拉手持火炬跑出新港区露天剧场。（供图：中新社）

14时35分，刘敬民将从火种灯中点燃的火炬交给布市市长马克里。阿根廷"奥运奖牌之王"、帆船名将卡洛斯·埃斯皮诺拉从马克里手中接过火炬，向大家挥手致意。随后，他手持火炬起跑，开始了第一棒的传递。

随着火炬传递的开始，预定的安保方案也随之启动。火炬手身边，除了数名中国和阿根廷贴身火炬护卫手外，几十名身着便装的阿根廷警官学校学员组成人墙跟跑，外围由十几辆摩托警车护卫，再外围由中方志愿人员跟跑，形成里外三层保护圈。意想不到的情形发生了：许多热情友好的阿根廷民众看到诸多中国人在跟跑，也随着一起跑了起来。跟跑的人越来越多，形成一股庞大的人流，成为整个北京奥运火炬境外传递中一道特别亮丽而独特的风景线。火炬所到之处，沿途的民众热情地挥舞着中国和阿根廷小国旗，对火炬手鼓掌欢迎，其中许多是他们熟悉和崇拜的阿根廷体育明星或各界精英。不少人纷纷加入跟跑的人流。

火炬在港口区传递开局良好，经过一段陆地传递，顺利来到一个码头，进行别开生面的赛艇传递。阿根廷火炬手费尔南德斯手擎火炬坐在8人赛艇的船头上，经过拉普拉塔河上著名的女人桥后靠岸，与在码头等待的火炬手进行了水岸交接。

又经过几位火炬手的传递，火炬顺利抵达市中心。老城区的街道比较狭窄，而观看传递活动的民众也最多、最集中，最容易出现问题和状况，因此在这段路上部署了最多最强的安全防护力量。

鉴于当时紧张严峻的安全形势，我作为"第一责任人"已不可能再担当火炬手。在整个传递行进期间，我和刘敬民与阿奥委会、布市政府和治安部门最高指挥官们一同坐在指挥车里，紧随火炬手、火种车、安全警卫车之后，进行现场指挥。使馆武官李国建被直接安排在阿根廷联邦警察总局行动室里，和阿警方共同进行全程和全方位电子监控，并通过手机随时向指挥车报告情况。刘敬民和我与阿官员三方紧急商议后迅速作出决策，由阿方官员向前面安全警卫车上的指挥官下达行动指令。

经过市中心时，我们注意到在五月广场、总统府和市政府前，都有一些举着"藏独""法轮功"等旗帜和反华标语的抗议示威者。他们被警方牢牢控制在马路边的隔离栏杆后面，根本冲不到马路上，更无法靠近火炬。在他们旁边，为火炬保驾的爱国侨团更是人多势众。那些反华敌对分子完全被热情支持火炬传递的广大阿根廷民众所淹没，并且受到火炬传递全程到处可见的五星红旗和红衣红帽红色横幅的威慑，不敢轻举妄动。

当火炬传递经过市中心一段主要街道时，第一次出现了一点状况。这倒不是敌对分子造成的，而是由于街道过于拥挤，火炬传递人员和车

阿根廷华人华侨夹道欢迎北京奥运圣火。（供图：中新社）

队与热情等候在那里的人群挤在一起，几乎把通道完全堵塞了。指挥车为防止发生意外，指示将火炬暂时熄灭。街道两旁高大的写字楼落地窗边和阳台上站满了人，他们一面高兴地挥手致意，一面按照阿根廷年终过节时的习俗，像天女散花一样将大量碎纸片抛出窗外，撒向火炬传递的人流和车队。火炬传递演变成了一场盛大的节日狂欢。

火炬传递顺利通过方尖碑，横穿"七·九"大街，经过科隆剧院后，终于离开狭窄、拥挤、热闹的市中心，进入宽敞和视野开阔的道路。

火炬向城市东部环境优美的帕莱莫区行进。经过具有文艺复兴建筑风格的布宜诺斯艾利斯大学法学系和竖立着一个巨型金属郁金香雕塑的联合国广场，一路顺畅。曾经排名世界第三的阿根廷著名女子网球运动员加布里埃拉·萨巴蒂尼担任最后一棒火炬手。17时15分，在数百名观众的热烈掌声和欢呼声中，萨巴蒂尼高举火炬，跑入位于布宜诺斯艾利斯最大公园附近的跑马场，并点燃奥运圣火盆。全程13公里、由80位火炬手接力进行的布市传递，历时两小时四十分钟，终于圆满结束。

阿根廷网球明星萨巴蒂尼在火炬传递后接受中国媒体采访。（供图：中新社）

在火盆被点燃的那一刻，我看到很多阿根廷人和几乎所有在场的火炬传递团队及使馆工作人员都激动得热泪盈眶。在闭幕式上，阿根廷国家奥委会第一副主席莫雷亚激动地说："民众如此大规模地欢迎和参与在阿根廷历史上是空前的。这是历史性的一天，是布市盛大的节日！"

当日，阿根廷媒体以极大的热情报道了这一盛事。当地各大电视台全程直播了这一盛况，镜头中到处都是热情洋溢的民众、兴致勃勃的火炬手，还有遍布大街小巷的中阿两国国旗。阿根廷美洲通讯社报道说，整个火炬传递过程"堪称完美"，"让数十万布宜诺斯艾利斯市民享受了一场体育盛会"。组织者先前非常担心火炬传递期间会下雨，但最终只是象征性地掉了几个雨点，"连上帝都在保佑奥运火炬"。那些一贯抱着偏见和敌意的欧美媒体也不得不承认布市火炬传递取得了巨大成功。BBC 报道说："火炬传递一帆风顺。绝大多数的观众都是来支持火炬传递的。当火炬经过的时候，人们给予的是欢呼。"CNN 网站不得不承认："火炬在阿根廷得到喜悦的欢迎。"美联社的报道则称："圣火过处，热情而喜悦的阿根廷人夹道欢迎"，"人们加入了行进的队伍，圣火的传递之旅变成了民众的狂欢庆典，这与过去几站在欧美的景象形成了鲜明的对比。没有任何暴力事件发生。"

曾钢大使和夫人刘令娥
与中国驻阿根廷大使馆
馆藏北京奥运火炬合影

北京奥运组委会主席刘淇给我打来电话表示热烈庆贺。中国大使馆举行了盛大的庆功宴。大家欢声笑语，开怀畅饮，气氛异常热烈欢快。布市火炬传递的巨大成功，将前几站的阴霾一扫而空。

晚宴后，我和使馆主要馆员陪同火炬运行团队前往布市国际机场，并将他们一直送上专机。阿根廷奥委会第一副主席莫雷亚女士和布市政府官员等也前往机场送行。翌日凌晨 1 点整，专机腾空而起，飞往火炬传递的下一站——坦桑尼亚首都达累斯萨拉姆。奥运火炬布市传递的成功，成为重大的历史性转折点。传递活动从此峰回路转，一路畅通无阻，直到火炬最后点燃 2008 年北京奥运会开幕式所在地鸟巢体育场的圣火火盆。

时光荏苒，如今北京奥运火炬布市传递已经过去了整整 10 年。虽然整个传递过程只有短短的两个多小时，但这一重大事件却已经永远铭刻在中国和阿根廷乃至中国和拉美友好关系史上。中国有句成语叫"患难知真情"，布市火炬传递最好地体现了这句成语的真正含义。当年的布市市长毛里西奥·马克里已从 2015 年 12 月起担任阿根廷总统。他领导下的阿根廷正与习近平主席领导下的中国续写两国友好合作关系新的篇章。中阿友谊必将像奥运火炬一样世代相传，永不熄灭！

心潮澎湃：
我在中国的九年外交生涯

米格尔·贝略索
[阿根廷前驻上海总领事兼贸易促进局亚洲中心主任（大使级）]

2000 年，初识上海

美国评论家、演员威尔·罗杰斯以其政治幽默而著称。他曾说过"你永远不会有第二次机会给人留下第一印象"，以及"每个人都是无知的，只是表现在不同的方面罢了"。这两句话恰好可以用来描述我在 2000 年初的经历。

那时，我正式从东京被派往上海，来设立阿根廷在亚洲的首个贸易促进中心及阿根廷驻上海总领事馆。正是这项任务，使我有机会投身于上海这个全球最具商业活力的环境中，发现一些有益于两国人民的机会。除上海外，我还被要求探索江苏、浙江和安徽三省的国际潜能——这三个省共有 2 亿人口，是蓬勃发展的中国的一个重要中心（某一瞬间，我心潮澎湃地莫名回想起 750 年前威尼斯商人马可·波罗那栩栩如生的探险经历）。

当地政府对我表示欢迎，并自我抵达之时起便不断帮助我尽快融入新的环境，这些对于我早期取得的成功是至关重要的。抵达上海后不久，我就被告知两个月后的 2000 年 5 月 25 日，也就是阿根廷国庆日当天，阿根廷外长将率领代表团访问上海并为领馆揭幕，随行的还有一支由40 名企业家组成的经贸代表团；而四个月后，德拉鲁阿总统将率领一

2000 年 9 月 14 日，中国国务院总理朱镕基在北京人民大会堂会见阿根廷总统德拉鲁阿。（供图：中新社）

支由 150 名企业家组成的经贸代表团，展开他对上海的首次访问。我需要保证访问配套的经贸洽谈顺利举行，还需对代表团的起居提供支持。如果要找一个说法来形容这次经历在我整个外交职业生涯中到底有多艰难，那我一定会用马戏团空中飞人演员表演的"无护网三重空翻"来描述。

在当地政府和中国贸促会的支持下，这两次访问都取得了圆满成功。在这么短的时间里设立办公室本就是一项艰巨的挑战，因为想要找到称职又会西班牙语的人实非易事；而更糟糕的是，当时在沪的阿根廷人仅有一人。而当我 2009 年结束任期时，在沪阿根廷人的数量已经达到400 人。很快，我发现当我们阿根廷人提起亚洲或中国时，总是把它当作一个买卖货物的地方，然而，实际上我们应该把它看成一个社会、文化生活的巨大展台，我们能从中学到很多。

2008 年，上海市市长韩正（右）出席米格尔·贝略索卸任告别仪式并赠送礼物。

为了重新发现东方，我首先做的，是从地理层面探索这个具有自身符号和价值的世界。唯有抛弃西方传统的视角，避免已有的固化模型，才能真正走近它。这一点，恐怕是"现代马可·波罗"们在探索东方时会遇到的最大挑战。这是因为我们能接触到的关于亚洲的所有信息，实际上都源于一些主要来自欧洲或是从欧洲视角出发的分析和观察。当然，也有一部分来自美国。它们与亚洲悠久的发展历史中形成的价值观具有本质的区别。

几十年前，邓小平制定了东部沿海地区开放开发的发展战略，而这一战略的主线就是上海。上海拥有 2500 万人口，其中有 50 万外国人，他们或怀有雄心壮志，或抱着快速致富的梦想，或乐于探索未知，种种原因让他们来到上海。这庞大的人口迸发出巨大的能量。上海给你最大的感受是，一切皆有可能，但很多也已被注定。一夜之间，投在股市的资产可能翻倍，城市的街区可能面貌一新，也可能被推土机铲平而彻底消失。人们说的没错："你生命里最好的一天和最坏的一天……有可能是同一天"，也有可能发生在同一个地方。黄浦江两岸好像一面被历史分成两半的镜子：浦西代表了过去，而浦东则代表了令人眼花缭乱的未来。

上海这座城市无疑拥有一段遥远的历史，一段无比繁荣富裕的过往。欧洲文化曾对上海精雕细琢，留下的种种印记让人不禁想起，在不断推进全球化的中国，今天的上海已经是一座世界元素荟萃的城市。如果说，在上海还有为数不多的几个地方抵御了现代化的冲击，那豫园一定算其中之一。可以说，豫园是上海幸存的——大概也是唯——个——未受西方建筑风格影响的纯中式建筑了。豫园建于 1559—1577 年（恰逢布宜诺斯艾利斯第一次和第二次建城期间），是一座缩小了的皇家园林。星形的奇妙楼阁立于泉水中央，外侧则是曲曲折折宛若迷宫般的小桥——根据传统观念，这种设计能够阻挡恶灵侵扰。如今的上海，能令人身处其中时感到身在东方的地方已经不多了，而豫园便是其中一处。

不论在布宜诺斯艾利斯的佛罗里达步行街还是在上海的南京路步行街，都能看到成百上千人穿梭其间，而两条路的不同之处却屈指可数。布市的雷科莱塔和上海的新天地都保留了老街巷的样式，但也都成了大量游客聚集的地方。1921 年，毛泽东等人正是在此地成立了中国共产党，现如今它的党员人数已经超过 8000 万。我们甚至能在利亚楚埃罗河与苏州河之间找到相似之处。苏州河全长 125 公里，其中 54 公里在上海境内。河流穿过城市，在海岸中心入海。20 世纪 90 年代，这条河曾是全球污染最严重的河流，而在英国、瑞典及德国技术的帮助下，如今在河里又能见到小鱼，而河畔区域也不断升值，大量现代化建筑和现代艺术展进驻那些古旧的厂房。

发现互补与机会

毫无疑问，需要学习的东西很多。我曾作为领馆负责人，与时任上海市市长韩正会面。我本应礼节性地向他问好，然而乌拉圭诗人马里奥·贝内德蒂的一首短诗却忽然浮现在我的脑海中。这首《恋人回家》中写道："在那片绝望的爱情疆域里，/他们将心怀羡慕地望向我们，/

2004 年 6 月 28 日，中国国家主席胡锦涛在北京举行仪式欢迎阿根廷总统基什内尔访华。（供图：中新社）

而后将长途跋涉走向我们，／问我们，究竟是怎样做到的？"而这恰好是我在主持贸易促进中心工作的九年间试图回答的问题。在这期间，我见证了两国领导人越来越希望两国跨越距离成为兄弟。我荣幸地接待了德拉鲁阿总统和基什内尔总统的国事访问，阿根廷十余个省领导的正式访问，多位国务秘书、副秘书率团访问，议会及各市政府领导的访问，其中包括时任布宜诺斯艾利斯市长、现任总统毛里西奥·马克里。所有到访者都渴望"了解中国人是怎样做到的"。中方亦是如此，数十个政府与民间团组访问阿根廷，寻找合作伙伴，发现扩大两国友谊的机会。

我的首要职责就是支持两国经贸代表团访问，具体活动包括在阿中两国举办贸易推介会、展会、展览、经贸磋商及其他活动。阿根廷外交部派来一支训练有素的队伍支持我的工作。这支队伍由协调人员和翻译组成，他们做了上百份市场研究报告和产品介绍目录，为阿中双方沟通提供了便利。我承认，在贸易促进方面做出的努力最终获得了回报：双边贸易额增长了 5 倍，由 20 亿美元升至 100 亿美元；推动大量企业参与双边经贸交流，参与的企业数量由 2000 年的 216 家增至 2008 年的 600 家。

在促进民间交往方面，文化发挥了根本性的重要作用。来自阿根廷三省、30 多个城市和上海市的学术机构、政府部门举办了 60 多场涉及不同领域的研讨会，形成了重要的国家和地区文化传播机制。这些活动的圆满举办令我非常高兴，而付出的努力也带来了回报：在中国，我荣幸地受聘为复旦大学国际问题研究院拉丁美洲研究室特邀研究员及南京大学客座教授；而在阿根廷，我则被聘为阿根廷国际关系理事会顾问、亚洲事务委员会专家、国际战略委员会专家及阿中商会常任顾问。我们推动两国研究机构间签署了数十项校际交流协议，使两国学生双向交流成为可能。此外，两国多个城市还签署了友好城市协议。这些工作，对于创造两个遥远社会间的联系，消除彼此的不信任和不理解，往往是最有用的。

我个人也与一些中方学术界人士建立了联系，我们的交流十分活跃，双方都获益匪浅。这其中就有时任上海外国语大学西班牙语系主任陆经生教授和南京大学西班牙语系主任陈凯先教授。陈凯先教授推动建立了南京大学金陵学院拉丁美洲研究中心，翻译了《博尔赫斯文集》，不断推动两国文化交流。我与陈凯先教授组织了七届"博尔赫斯演讲比赛"及"马丁·菲耶罗演讲比赛"，每年都有来自多所中国大学西班牙语专业的最优秀的学生参与其中，优胜者则获得前往阿根廷学习的奖学金。

在艺术方面，我们也成功举办了多场阿根廷画家作品展并在中国多地巡展，还组织了配套的学术演讲、阿根廷电影放映和特色食品品尝活动。阿根廷电影连续参加上海电影节，能获得一些重要奖项提名使两国

2010 年上海世博会阿根廷馆外景（供图：中新社）

的电影创作者将目光投向这里。此外，阿根廷还积极参与其他一些重要活动，如摄影、音乐、舞蹈、设计等。

在体育方面，我们也未曾缺席。几乎没有人会忘记 2008 年的北京奥运会，阿根廷国家足球队夺冠路上的四场比赛中有三场都在上海分赛区；也不会忘记杰出的阿根廷运动员在网球、赛车、马球、高尔夫、桥牌、篮球等国际赛事上的表现。而阿根廷成功参加的最大的推介活动，大概还要数 2010 年的上海世博会。

我相信，当阿根廷政府决定通过设立贸易促进中心来推动与中国内地的交流并随后决定设立广州总领馆时，阿中两国关系便发生了实质性的飞跃，进而确定了今天联系两国的"全面战略伙伴关系"。在政治方面，两国关系从官方层面开始，便在正确的方向上迈开大步：政府间互访频繁，各领域代表团交流不断，在广州和上海设立总领馆，在上海设立贸易促进中心，在北京设立农业代表处以通过磋商推动阿根廷农产品

2016 年 7 月 8 日，米格尔·贝略索在"2016·中国西藏发展论坛"闭幕式上宣读《2016·拉萨共识》。（供图: 中新社）

进入中国市场。在上海、北京、广州、香港等一些重要的国际化大都市都建立了阿根廷整体推广平台，以通过巩固食品、装备、鞋类、服装、旅游等行业的"国家品牌"，方便阿根廷企业寻找商机并分销商品。

放眼未来

阿根廷依靠一支掌握汉语又能研究新情况的专家团队不断深化对华关系。在我结束任期时，我明白了这样做的重要意义。一些新的金融工具催生了经济全球化；借助这些工具，人们可以通过互联网远程探索各种发展机会。如果能在上海或北京设立一个阿根廷国家金融机构代表处及一些银行的办事处，就可以帮助阿根廷企业探索充满活力的中国所能提供的大量机会。这是阿中双方都希望的倡议，对阿根廷出口企业来说也将有很大帮助。

阿根廷亚太研究虚拟知识网络给了我很大的帮助，其中包括阿根廷出口基金会、阿中商会以及阿根廷国际关系理事会。它们都为我的工作提供了重要支持。中国不是幻境，而是已经成就了的现实。中国加入国际市场从而引发亚太地区发生转变，对世界经济进行了历史维度的重构。现在，亚太地区已经成为全球经贸、科技发展中心，因此阿根廷必须去了解它——通过了解，我们可以吸取经验教训，可以研究两国的互补性，也可以探索新的合作方式，促进阿根廷的经济文化发展。在中国度过的九年时间里，我一直在为此努力。现在，机会和挑战都摆在我们面前，而我们要做的是形成一个国家战略并加以利用。

可以说，在中国的九年，成了我职业生涯中最令人心潮澎湃的一段经历。然而，那种还没能探索出中国给予我们的全部潜能的感受始终萦绕心头。在不断了解中国文化、政治和经济的过程中，我成立了一支由学者、企业家和政府人员组成的阿根廷最具权威的跨学科研究小组，研究我们在双边关系发展中的全部可能性。现在的问题已经不再是问我"你们做了什么"，而是"两国如何在未来一起走下去"，强化互利的双边关系。就这样，在阿根廷国际关系理事会框架下成立了中国工作组，这是全球主要智库之一，也是西班牙语国家首个中国智库。它也成了一个重要平台，将我们与中国权威机构（如中国社会科学院拉丁美洲研究所、上海外国语大学等）联系起来。过去十年里，中国工作组提交了几十份分析和研究报告，举办了几十场研讨会，工作组成员更是在阿根廷的多所大学开设中国研究相关课程。正因如此，如今在阿根廷从事专业中国研究的意愿与日俱增。中国工作组以集体或个人形式推出了 30 多种出版物和书籍，此外，还推出了大量电视、广播报道和采访节目在上百家媒体播出，积极探索阿根廷进入亚洲后的机会。

我承认，我们已经走过了很长的路，然而，在增进两国人民相互了解方面，我们还有更多、更长的路要走。中国有一句谚语："前人栽树，后人乘凉。"我想，如今种子已经播下，未来必会发芽、开花。

从博尔赫斯到"一带一路"

斯蒂文·索特雷
[在华阿根廷人协会（AdeACh）创始人兼会长，常州大学拉丁美洲研究中心
研究员，墨西哥韦拉克鲁斯大学中国—韦拉克鲁斯研究中心研究员]

20 多年前，我开始广泛阅读关于中国的书籍。邓小平领导的改革开放给中国社会带来的巨变引起了我的极大关注，我对中国的兴趣也日益浓厚。

15 年前，我决定来中国生活，从那以后，我再也无法想象没有中国的日子。我人生中一段最重要的经历就与这个国家有关。毫无疑问的是，一些决定看似偶然，之后却会成为我们生命的一部分。

而在几十年前的阿根廷，中国仍被视为世界上最遥远、最陌生的国家。不过，那时的中国正因艺术、重大创举、古老文明等方面的成就变得举世瞩目，现代化进程也日益凸显，其发展速度着实令人震惊。此外，在人们的印象里，中国自古以来就拥有发达的文化和丰富的发明创造，是一个谜一样的国度。这让我对中国产生了极大的好奇——这种好奇随着我在 20 世纪 90 年代不断阅读博尔赫斯的作品而与日俱增。

博尔赫斯教我想象中国

诸如《长城和书》这类故事使我对中国有了更深的了解。博尔赫斯认为：焚书和修建防御工事是一般皇族都会做的事，秦始皇的独特之处在于其所行之事规模之大。一些汉学家也是这样理解的，但我觉得上述事件绝不仅仅是一些夸张和琐碎的政令——把一个菜园或花园围起来很常见，但把一个国家圈禁起来就很少见了。

伟大的博尔赫斯认为，"这是亚洲人，特别是中国人的想法。"这一观点在《小径分岔的花园》和《约翰·威尔金斯的分析语言》等作品中均有体现。博尔赫斯声称中国有本名为《天朝仁学广览》的百科全书，其中谈到动物的多种分类方法。《约翰·威尔金斯的分析语言》这篇奇妙的文章使我们认识到，从欧洲中心论的角度去分析中国，只会得出错误的结论。

博尔赫斯的作品为我打开了阅读的大门，让我开始深入地了解中国，感受中国在走向复兴过程中经历的巨大变革。通过阅读，我感受到了极大的震撼。那时网络还没有普及，我就逛遍布宜诺斯艾利斯的各大书店，寻找一切跟中国相关的书。

记得在圣塔菲 2600 号一家旧书店，我淘到了一本 1949 年的法文版《中国近代史》。这本书我读了很多遍，之后我还读了很多其他的书，甚至连旅游手册都不放过，是它们让我对中国的认识逐渐走向完善。

此外，在那个年代，阿根廷报纸上的涉华报道很少，那些罕见的报道也大多是对中国的批评，或者是照搬外国通讯社的内容。而且，阿根廷的出版社从不出版与中国相关的著作。面对这种情况，再加上之前我已经去过一些亚洲国家，到中国去看一看的想法在 2000 年开始变得无比强烈。

初识中国

21 世纪初，出于对中国历史的浓厚兴趣和受博尔赫斯作品的诱惑，我已迫不及待要来中国。记得当时我买机票的旅行社是布宜诺斯艾利斯最大的旅行社之一，但即使这样，工作人员还是告诉我他们很少卖飞往中国的机票，通常是卖一些旅游套餐。这一切都使我的想法更加坚定：这次旅行将具有非凡的意义。

我游览了北京、上海、广州、香港等知名的东方城市。这是一场感官和人文之旅，所见所感丰富多彩。我当时一点中文都不会，只用一些零零碎碎的英语跟人沟通。我逛了很多地方，在饭店点菜时，虽然不太清楚每道菜是怎么做的，却试着感受中国美食的非凡魅力。时至今日，种类繁多的中国美食仍让我无法抗拒。此外，我还经历了很多意想不到的情况。

首次来华时，我第一次感到沮丧是有人想要跟我交流但我完全不懂当地语言，我们根本没法沟通。那时的我只会写一些名字、画画地图或表达一些简单的想法。在旅行中，我遇到了一些会说汉语的外国人。这让我对自己发起了挑战：我决定加大学习汉语的力度，以便能深入了解中国文化。

我自己也想过，怎么可能有外国人会说汉语？因为那个时候，对阿根廷人来说，如果不是华裔，基本不可能会说中文。我在中国旅游一个月之后回到了阿根廷，但那里的人民、历史和价值观在我脑海中留下了深刻的烙印，我觉得我把生命的一部分留在了中国。

2002 年，阿根廷遭遇经济危机，国内形势比任何时期都要严峻。就在那时，我开始练习中国功夫，在唐人街学汉语，每天吃中餐，并通过看电影，学习佛教、冥想和风水，进一步感受这个伟大国度。

2004 年，我决定来中国学习和工作。刚开始的那段时期，我切身体会到了博尔赫斯关于镜子的观点：我把中国猜想成一面大镜子。在没有沟通障碍的情况下，我所作出的努力让我觉得很轻松，中国这面镜子能反射出我所能给出的东西，同时我也能体会到其他人身上的这种轻松。后来我走访了中国的内陆地区，但我感觉之前满怀热情学习的东西其实用处不大。除了少数能用英语沟通的地方，我仍然无法与人交流——我听不懂他们说的话。这对我来说是一个打击，但是我认清了事实，我需要继续学习中文，这是想要在中国过得好的基础。

2011年，索特雷与导师章凯教授（右）在墨西哥参加学术会议。

感受中国

今年已经是我在中国的第15个年头了。在此期间，我有幸了解了中国的一些基本面貌，比如各地神奇的地理风貌。我在北京生活了很多年，在人民大学读完了管理学博士。刚开始我有些害怕，因为用中文读博对我来说是个巨大挑战。在我们那届的107名博士生中，只有两个人是外国人，并且只有我一个人来自拉美。不过，我渐渐感受到了我的同学和老师们对我的大力支持，他们都很认可我作出的努力。

尤其是我的导师章凯教授，他很热心，而且很有耐心。我们每周都进行小组讨论，探讨有关组织研究和组织行为的相关话题。这段学习经历使我与中国的联系更加密切。在读博的五年时间里，我不仅完成了必修课程，更重要的是找到了一种归属感。

尽管在此之前我已经学了多年的中文，但是读博期间我才真正置身于中国的日常生活中，感受一个中国博士生会经历的生活环境。完成博士论文后，我才真正体会到汉语书面语和口语的巨大差别。这种差别不只表现在汉字的书写难度上，也表现在表达方式的不同上。

除了北京，我也在保定、上海、重庆、广州、深圳、玉树等地生活过。现在，我住在美丽的常州，有幸在常州大学新成立不久的拉美研究中心工作。随着时间的推移，我接触了中国不同的群体、方言、美食、面孔和思维方式，它们有一个共同点：丰富多样。

以前的中国不是千篇一律，现在更不是；以前的我对中国没有一个清晰的认识，现在更没有。说到中国，我就会想到中国的多样性和传统，但传统并不是一些仪式的简单重复。中国是一个多变的国家，她正处在现代化进程中。通过学习汉语，我认识到，传统是思想的孕育之地，飞速的改变中蕴含着中国人深受历史影响的思维方式。中国的文盲率很低，这里要说的不只是 26 或 28 个字母的事，而是成千上万的汉字和词语。

见证中国的巨变

在中国生活的 15 年间，我有幸见证了中国的一些变革。2004 年，我坐了 40 多个小时火车从成都到上海。我买的是硬卧票，每个舱室有六张床位。

一位坐在窗口边折叠椅上的先生在旅途中一直盯着我看，但他的目光不带任何攻击性，只是像一个孩子一样好奇地看着一个与众不同的东西或人。每当火车靠站时，人们就可以下去买吃的：就着蔬菜、猪肉或豆腐的米饭，以及面条、馒头等快餐。当时我用的是旧款的手机，伴着缓慢平稳地向前行进的列车，手机信号时好时坏。

2018 年，索特雷参加中国国际广播电台西语频道的访谈节目。

　　中国社会经历着日新月异的变化。短短几年内，磁悬浮列车已将浦东机场和上海中心地带连接起来，中国大部分地区都被高铁联通。如今，在大城市生活的年轻一代并不知道这些城市原来的面貌，他们无法想象之前落后的基础设施和技术是什么样子。

　　不久前，我再次穿越中国，从北京南下到深圳。不同的是，这次我坐的是高铁，8 小时就到了目的地，车厢、车站的面貌以及车里的服务都发生了变化。我曾经的按键手机也换成了现在的全能工具，它充当了电脑、手表甚至钱包、地铁卡的角色。我用它骑共享单车，坐出租车时用它来付款，在水果摊上用它来买水果，用微信和远在阿根廷的妈妈聊天。

　　在时速 308 公里的平稳行驶的列车上，我可以忘掉博尔赫斯的书，但是我不能没有手机。那里面有我要做的一切，有我关注的新闻、消息和通知，有我要看的书。手机还会给我一种安全感，这种安全感来自于我能用它网购，而且当我去厕所前把手机忘在桌子上时，不会担心回到座位时它不见了。

列车往前开去，我在餐车里点了咖啡和三明治，这是我第一次来中国时想都不敢想的。窗外的景色不断变化，田野、房子、工厂各具风情。另外，我在淘宝上买了马黛茶叶，手机收到信息，通知我网购的奶酪已经到了，通心粉也已经在从上海到常州的路上。

科技和贸易的发展变化远非我感受到的全部。我还看到，更多的人有了受教育的机会，人们的生活质量越来越高，豪车、购物中心和咖啡厅无处不在，而且还在成倍地增长。

从玉树到深圳：不一样的中国

2014 年，我有机会参与在玉树开展的一个很棒的项目。玉树是一个海拔 4200 米的小城，有着独特的风光，大部分居民信佛。这座城市是在经历了 2010 年地震后重建的。除了海拔上的差异，我发现它与我之前了解的中国其他地区在很多方面都有所不同。

我们打算用黑麦和当地矿物质水酿造啤酒，以生态环保为理念，在玉树建一座啤酒加工厂，创造经济效益的同时拉动当地旅游业的发展。虽然项目由于许多原因没有开展起来，但于我而言，此次经历是意义非凡的。我亲眼见识到了另一个中国，一个未经太多改变的遥远传统的中国，宗教色彩浓厚的中国；诚然，这里也需要一些改变来提高人们的生活水平。

第一次去时，我们花了超过 14 个小时，走了 800 千米的山路才从西宁到达玉树。不久之后，我就得知两个城市间修了高速公路。这次经历之后，为了了解中国的另一面，我搬到了深圳去住。

2014 年，索特雷在青海
玉树和小喇嘛合影。

　　跨越数千公里的距离，从海拔 4200 米的地方来到海平面，这两个城市之间的天壤之别是我生活到现在所认识的地方中差异最大的。玉树生活节奏缓慢，人们的穿着、街道里的商店，方方面面都带着神秘的宗教色彩。有时候，比起电影，那里更像是一张老旧的明信片，人和事都在另一个维度里，从中可以深切感受到这座城市的灵魂。而深圳是一个节奏很快的城市，地铁、火车、汽车、自行车、电动车川流不息，行人们也脚步匆匆。这里有平地而起的高楼、大量的工作机会和随处可以感受得到的经济增长。深圳是 1978 年来最早开放的城市之一，从一个一万人的小渔村变成了如今 1200 万人口的大都市。深圳代表着中国的未来。

链接中国

（1）中国—韦拉克鲁斯研究中心

过去的十年里，我有幸在墨西哥韦拉克鲁斯大学中国—韦拉克鲁斯研究中心工作。该中心成立于 2008 年，其愿景是研究、探讨、推动和传播中墨两国，尤其是韦拉克鲁斯州和中国在科学、学术、文化、经济等方面的交流活动。

十年来，中心实施了很多师生交换项目，举行了多场研讨会和交流讲座。此外，该中心还创立了 Orientando 半年刊，发表了许多各领域的研究人员撰写的关于中国及中墨、中拉关系的文章。

（2）在华阿根廷人协会（AdeACh）

2015 年的某一天，我们这些在中国的阿根廷同胞聚在一起，分享彼此的体验，发现很多人有着相似的经历。数次聚会之后，我们产生了成立在华阿根廷人协会的想法。从那时到现在，差不多三年的时间里，我们怀着相互团结、互帮互助的信念，开展了很多活动。

从一开始我们就坚信，团结就是力量。虽然中国是一个开放且有着各种机会的国家，但是理解我们之间的文化差异需要一个循序渐进的过程。我们要将这份认知传递出去，使我们自己能更好地在中国生活，同时也学会沟通，以最合适的方式让大家了解我们的文化。

阿根廷驻华大使盖铁戈先生是在华阿根廷人协会的名誉会长，大使先生和使馆的其他人员都对协会给予了极大支持。2017 年，在华阿根廷人协会在阿根廷驻华大使馆举行了年会。除了驻华大使馆，我们还得到了阿根廷驻上海领事馆、驻香港领事馆的支持，通过探戈、音乐、马兰博（阿根廷传统舞蹈）表演传播阿根廷文化。

此外，在华阿根廷人协会还得到了在华阿根廷企业的支持，现在协

2017年9月，在华阿根廷人协会授予爱德华多·奥维多教授（右2）、郭存海博士（左2）、楼宇博士（右1）和欧占明先生等人协会顾问证书。

会在中国已经有 200 多名成员。我们还和其他拉美国家的大使馆和高校联合开展活动，因为我们知道，在中国我们应该展现出拉丁美洲的风采，强化对自身身份的认同。当然，我们也应该展现出彼此间的差异，并在相似之处形成共鸣。

我们还意识到非常重要的一点，那就是要把对拉美和中国的研究作为立足点。我们相信，高校、研究机构等是增进中拉人民互相理解的重要力量，尤其是那些坚定地推动中拉双方加强互信的高校（如常州大学）和研究机构（如韦拉克鲁斯大学的中国—韦拉克鲁斯研究中心），它们通过师生交换项目和在华开展对墨西哥中小企业家的培训项目增进

2017 年，索特雷与常州
大学学生自拍合影。

双方的相互认知。与此同时，还有那些致力于实现双方共同愿景的学术
共同体，它们是加强中拉相互理解，推动研究人员、企业家和政府官员
之间互动交流的重要平台，如郭存海博士带领下的中拉青年学术共同体
（CECLA）。

中国和阿根廷之间、中国和拉美之间有待架起更多沟通的桥梁，还
有很多大好的机遇值得把握，但这些都要建立在互相理解的基础上。我
们应该增强经济交流活动的包容性，让更多的社会主体参与进来，提高
中小企业的参与度，增加参与的人数。另外，这种交流活动要在更大范
围内开展，使地区经济从中受益。在文化方面，要用友谊架起理解的桥

梁，设身处地地了解对方，把那些我们听说过而没做过的事付诸实践。

（3）"一带一路"中拉研究会（CESLAF）

为了实现上述目标，2018年6月，在我的推动和努力下，厄瓜多尔、哥斯达黎加、古巴等国驻华大使馆和常州大学、中国墨西哥商会、在华阿根廷人协会，以及中拉青年学术共同体等机构联合成立了"'一带一路'中拉研究会"。

"'一带一路'中拉研究会"签约仪式在厄瓜多尔驻华大使馆举行，厄瓜多尔驻华大使卡洛斯·拉雷亚·达维拉、哥斯达黎加驻华大使帕特里夏·奥尔凯梅耶、中国墨西哥商会主席艾夫仁·卡尔沃、亚太日报CEO李虎等重要人士出席签约仪式。厄瓜多尔驻华大使表示，成立研究会的目的在于通过学术研究增进拉美对"一带一路"的理解，使拉美能更好地参与"一带一路"建设，以学术为支撑，推动一场务实的政治辩论，寻求我们想要的答案。

我们怀着众多领域的共同愿景成立了研究会，借以为中拉合作谋求更好的发展道路。我们知道，如果我们各自规划，这些愿景将很难实现；而如果我们携手前行，实现愿景将指日可待。

我以我身搭建合作桥梁

埃内斯托·费尔南德斯·塔沃阿达（阿根廷中国商会执行会长）

我和中国："一见钟情"

1988 年，阿根廷总统劳尔·阿方辛率企业代表团访华，我作为代表团成员第一次来到中国。那时，我在一家总部位于汉堡的德国企业工作，担任阿根廷分公司的经理。这家企业是阿根廷中国商会会员，向阿根廷客户出售经过测试的中国产品。

当时的阿根廷对中国知之甚少，很多信息甚至是歪曲事实的。然而，我却对这个陌生而遥远、有着独特的语言和文化的国度怀有很大期待。初到北京，看到到处都是熙熙攘攘的行人和川流不息的自行车大军，我简直惊呆了。那时还有穿中山装的人，不过主要是一些上了年纪的人在穿。

中国人的热情好客给我留下了深刻的印象，他们对迷路的外国人也总是乐于相助。当时，语言对我是一个很大的障碍，因为讲英语的中国人很少，讲汉语的阿根廷人更少，但我们还是凭着热情和智慧实现了沟通。我当时准备了一个有十个汉语词的词汇表，主要是一些问候语。虽然我发音不好，但跟我交谈的中国人都耐着性子尝试理解我。在得知我早已会写这些短语，只不过还在苦练发音之后，他们的脸上总会掠过一丝肯定的笑意。

美食也是一个重要话题，那时有很多关于中国美食的难忘经历。刚到北京（访华之行的第一站）的第一天晚上，我们代表团就受到了盛情

1988 年 5 月，中国国家主席杨尚昆会见来访的阿根廷总统阿方辛。（供图：朱祥忠）

款待，吃到了北京烤鸭。我只想说：简直太好吃了！在随后的几餐中，我还品尝到了很多不同的菜式，一道比一道好吃，全都是美味佳肴。从那以后，我就成了中国美食的一名粉丝。不仅如此，我还喝了度数很高、由高粱或其他谷物酿造的中国白酒，非常好喝。不过我发现，白酒喝起来一定要慎重，不能过量。延续之前的一贯作风，我们代表团有人放出话来，说中国白酒对他们毫无杀伤力。但是，在喝了六七杯茅台之后，他们就感受到它的威力了，其中有一个人几乎是被拖回酒店的。

那次访华之行非常成功，阿方辛总统受到了中国政府的热情接待。我们这些随行的企业家也和中国同行进行了热情友好的对话，多名阿根廷企业家和中国同行建立了重要而持久的联系，就进出口业务达成合作。我们在归国途中说得最多的话就是：我们所看到的中国和那些不怀好意的新闻媒体所展示的中国有着天壤之别。

遗憾的是，20 世纪末的阿根廷眼里仍然只有欧洲和美国，尚未觉察到中国作为新兴大国、商品供应大国，尤其是作为阿根廷农牧产品出口市场的重大意义。

阿中商会：初架桥梁

1986 年，作为我所在的德国公司（阿根廷中国商会活跃会员）的代表，我被任命为阿根廷中国商会董事会的"账户审核员"。1995 年，我所在的德国公司决定停止在拉美开展业务，我也因此不再担任这一职务。时任阿根廷中国商会主席胡里奥·威尔森邀我出任商会执行会长，我毫不犹豫地接受了他的邀请。时至今日，我已担任这一职务 23 年了。

当时的阿根廷中国商会只有大约 40 到 45 家成员企业，它们主要是一些对中国有出口业务的企业和一些阿根廷银行。那时，阿中两国还没有太多的贸易往来。在阿根廷市场上，除了纺织品、化工产品和药品，看不到其他高品质的中国商品。当时的阿根廷还没有大规模种植大豆。阿根廷对中国的出口也只集中在少数产品上，如羊毛、牛皮、冷冻鱼等。

1985 年 6 月 15 日，阿根廷中国商会与中国国际贸易促进委员会（CCPIT，简称"中国贸促会"，也称作"中国国际商会"）在布宜诺斯艾利斯签署了首个合作协议（谅解备忘录）。

阿根廷中国商会开始定期接待来自中国各省份和城市的商务代表团，他们带着各类中国产品的出售信息，同时也希望能拿到有关阿根廷农产品价格的第一手资料。很多代表团是由中国贸促会遍布全国的分支机构组织起来的。得益于我们商会与中国贸促会签订的合作协议，我的商会执行会长的工作开展得很顺利，我也在这些年里和中国贸促会的同行们建立了深厚的友谊。如果将来要写一部阿中贸易关系史，中国贸促会的功劳必将是浓墨重彩的一页。

2001 年 4 月 9 日，中国国家主席江泽民和阿根廷总统德拉鲁阿在阿总统府共同见证《中阿民商事司法互助条约》等文件的签字仪式。（供图：中新社）

　　此后，阿根廷中国商会同中国的往来日益密切。1993 年，阿根廷中国商会和中国贸促会调解中心签订了谅解备忘录；之后，又同在全国各省市的分会签订了其他一系列协议。

　　1996 年初，因为对中国文化的浓厚兴趣，我开始大量阅读孔子、老子、孙子等圣贤的著作，对《孙子兵法》这一兵学圣典更是精心研读。此外，我还读了毛主席的一些著作，如著名的"红宝书"。通过这些阅读，我不仅了解了中华民族悠久的哲学和文化，还了解了中国企业家的工作模式和商务礼仪。

　　因为这些渊源，我与同事玛丽亚·卡罗琳娜·格雷拉·桑波尼

2009 年合作出版了《中国的商业文化》一书。通过此书，我们想让阿根廷企业家掌握一些和中国人做生意的基本方法，让他们了解并尊重中国合作伙伴的文化，避免在商务谈判中出错。

2001 年 4 月，我作为接待委员会成员，有幸参加了阿根廷中国商会为访阿的江泽民主席组织的欢迎仪式。阿根廷中国商会在距布宜诺斯艾利斯市 60 公里的圣赛夫利诺酒店举行欢迎午宴，时任阿根廷总统费尔南多·德拉鲁阿和江泽民主席率领的代表团以及 250 名阿根廷企业家出席了午宴。

午宴开始前，阿根廷中国商会主席还邀请江泽民主席一同搭乘特色马车游览圣赛夫利诺酒店。江泽民主席欣然同意，两人乘马车观光近 30 分钟。午宴取得圆满成功，我们用阿根廷美食和美酒招待了尊贵的客人，还在午宴结束后奉上了一场精彩的民间歌舞表演。表演结束后，阿根廷中国商会主席向江泽民主席赠送了一件礼物以作纪念。

重返中国：推动合作

2001 年，我有幸率领由布宜诺斯艾利斯企业家和官员组成的代表团再次来到中国。当时恰逢布宜诺斯艾利斯和北京结为友好城市的周年纪念日，我们和北京市的高级官员共同举办了一系列庆祝活动。代表团里的阿根廷企业家也和中国同行举行了商务会谈，实现了此次出访的各项目标，访问取得圆满成功。

这次访华我注意到了中国发生的巨大变化，北京街头南来北往的汽车无不散发出现代化气息，自行车的数量也有所减少。邓小平的改革开放政策实施之后，中国发生了显著的变化，不仅出现了很多现代化酒店，商业活动也变得更加频繁，街上的外国人也明显增多了。

让我印象最深刻的是穿着端庄制服、戴着白手套的警察，无论是北

2015 年，埃内斯托·费尔南德斯·塔沃阿达会长在布宜诺斯艾利斯举办中国文化讲座。

京还是其他大城市的警察，一律都不带枪。由此我明白了两点：第一，中国民众对国家公务人员有很大敬意，对警察更是如此；第二，中国的犯罪率（抢劫和凶杀）很低，警察没必要带枪。

2004 年，我第三次来到中国。这是阿根廷中国商会第一次组织阿根廷高校代表团来华参加中国国际教育展。中国国际教育展是中国和世界各国高校的盛会，每年 10 月在北京、上海和广州举办。

令我骄傲的是，阿根廷的高校，无论是公立的还是私立的，都是在我们商会搭建的展位上首次亮相。有几所阿根廷高校还和中国高校建立了重要联系，时至今日还保持着密切往来。阿根廷的大学语言中心（CUI）是一家很大的语言教育机构，也是阿根廷中国商会会员。它在此次教育展上和中方合作伙伴建立了很好的联系，还以此为契机开设了中国学生赴阿根廷学习西班牙语的课程。

此次访问中，我们还受邀参观了北京和上海的几所重点高校，它们高水平的教学质量和现代化的教师队伍令我们大开眼界。我这才了解到，这一切都得益于中国政府恰到好处的教育规划：各教育阶段都是中国政府规划中的优先领域，中国政府对各教育阶段的资金投入占国家预算的比重之大就是最好的证明。

另一个值得注意的方面是，在中国高校的招生体制中，所有学生进入大学的机会都是均等的，全国所有高校会在每年6月举行招生考试（高考），对学生进行统一选拔，择优录取。因此，只有满足一定条件的学生才能进入大学学习，避免了出现不符合条件的大学生进入大学、浪费教育资源的情况。

另一项我认为也很好的举措是：被录取的大学生如果家庭条件不好，可以申请助学贷款。也就是说，家庭条件不好的学生首先要和其他学生一样在高考中展现自己的能力，被录取后就可以申请助学贷款，直到完成整个学业，然后在找到正式工作后把贷款还给学校。这种体制既有创新，又很公平。在这种体制下，无论经济条件好或不好，学生们进入大学的机会都是均等的；而能否进入只取决于学生自己的知识水平，这非常公平。另外，就业后的大学毕业生偿还的助学贷款将以助学基金的形式永续流动。

除此之外，我还注意到，一些高校的校园里有相应的配套设施，为离家远的学生们提供食宿和学习上的便利。不仅如此，中国高校还对那些在学习和实践中表现出色的学生予以奖励。

西班牙语中有一句谚语："一分耕耘，一分收获"（El que quiere celeste que le cueste），意思是只有通过艰苦奋斗、努力付出，才能实现目标。《圣经》里也有一句名言："你必将流汗，方得有食"（Ganarás el pan con el sudor de tu frente）。这句话与上句谚语意思是一样的：只有经过艰苦奋斗才能实现目标。所以，中国高校很注重培养学生的拼搏精神，因为职业生涯里没有免费的午餐，一切都将靠个人能力和努力才能得来，而高校的宗旨就是为社会培养全面发展的各领域专业人才。

2005 年 10 月，我再次率领由 12 所阿根廷高校组成的教育代表团来华参加中国国际教育展。这次不再像 2004 年那样，好几所阿根廷高校围着孤零零的一个展位。这次有六个展位，每个展位代表不同的高校，如国立东北大学、福尔摩莎大学、大学语言中心、奥斯特拉尔大学商学院等。

此次参展让我感到非常自豪的是，阿根廷几家参展高校的校长都来了，而我们商会正是代表团的组织方。除了参加展会，我们还拜访了多所高校，它们的课程质量之高让我惊讶不已，尤其是在技术领域的专业设置上，更是让我印象深刻。然而，令我感到遗憾的是，除了少数几家，大多数阿根廷高校尚未开设中国研究中心，也没有开展过针对中国思想家的相关研究。阿根廷萨尔瓦多大学是这方面的先行者，该校设有东方研究院。该研究院由已逝的天主教神父伊斯梅尔·基莱斯创办，开设有"东方研究"本科专业，一直持续到现在。除此之外，该校还设有"当代中国研究"职业培训课程，我曾在此项目执教三年。我相信，随着中国和阿根廷的合作越来越紧密，研究中国的阿根廷大学和机构会越来越多。

让合作的桥梁更宽更稳

2006 年，我向商会提议组织一场中国摩托车展。在我的提议下，"2006 年阿根廷国际摩托车展"诞生了。此次展会在布宜诺斯艾利斯会展中心举行。展会非常成功，吸引了近 30 家中国摩托车厂家参展，其中大多来自重庆。此次展会盛况空前，时任中国驻阿根廷大使曾钢、阿根廷中国商会主席以及阿根廷联邦警察局摩托车分队队长出席了开幕式。

2015 年 11 月 13 日，由中国山东省政府、阿根廷农业部主办的中国（山东）—阿根廷经贸推介暨企业洽谈会在布宜诺斯艾利斯举行。图为埃内斯托·费尔南德斯·塔沃阿达会长在会上致辞。

　　2007 年 10 月，我参加了中国贸促会在智利圣地亚哥举办的第一届中国—拉美企业家高峰会，来自中拉商会的很多代表和企业家参加了此次峰会。借助这个平台，我们这些中拉商会代表才有机会互相了解，和中国贸促会的同行讨论我们在双边贸易中遇到的各种问题。

　　这场一年一度的盛会是中国贸促会的伟大倡议，它大大增进了中拉企业家之间的相互了解。中拉企业家们都希望中国和拉美各国能签订更多协议、落实更多项目、开展更多投资活动。以此为开端，一年一度的中国—拉美企业家高峰会开始在中国和拉美国家轮流举办。我有幸参加了 2008—2013 年，以及 2017 年的几届中国—拉美企业家高峰会。其中，我印象最深刻的是 2012 年杭州峰会。我们商会率领由 10 名企业家组成的代表团参加了多场商务论坛，之后我们还到访上海并与当地同行建

2017 年 9 月 27 日，埃内斯托·费尔南德斯·塔沃阿达会长出席中国使馆国庆招待会，与中国驻阿根廷大使杨万明合影。

立了商务联系。杭州峰会结束后，我受中国贸促会之邀参加了中国工商和法律研修班。包括我在内的 12 名研修班的拉美商会代表还访问了一些城市和几家企业，参观了阿里巴巴——这家电商巨头给我的印象只能用"震撼"来形容。

很多时候，我们这些商会代表都把友谊延伸到了一年一度的峰会之外。有人说过，虽然我们这些商会所做的事情是非官方的，但也堪称一种"商业外交"，因为无论是拉美商会的同仁还是中国商会的同仁，都在努力使彼此消除分歧、达成共识。

比如 2014 年 7 月，在习近平主席率领庞大的代表团访问阿根廷期间，阿根廷中国商会与阿根廷外交部国际经济关系秘书处、中国贸促会在布宜诺斯艾利斯洲际酒店联合举办了中国—阿根廷企业家论坛。虽然时逢周六，但有近 600 人参加了论坛，并且取得了圆满成功。

回首过去，在阿根廷中国商会工作的 23 年里，我见证了阿中贸易关系的加强和巩固，但我不得不承认，阿中贸易还有很大的发展空间。中国的城市人口已超过 7 亿，城市中产阶级也显著增多，他们有着超强的购买力，对阿根廷产品的需求量也越来越大，尤其是一些价格较高的产品，如牛肉、虾等。此外，中产阶级对出境游也有着强烈的兴趣。对阿根廷来说，中国的这些变化意味着双方在贸易和旅游领域将有更多的合作机会。

我和我的同事们都很看好，而且相信阿中两国将继续在贸易、旅游、文化、美食等领域加强合作，因为中国与阿根廷是两个热爱和平、崇尚和谐的国家。

我的中国文学翻译之路

米格尔·安赫尔·佩特雷卡（阿根廷诗人、汉学家）

——

　　我学习汉语多少有些机缘巧合：当时，我对中国诗歌很感兴趣，而且想学一门具有挑战性的语言。阿根廷那时还没有开设"中国研究"这样的课程。在我就读的布宜诺斯艾利斯大学，文学专业中完全找不到中国文学的影子。我对中国诗歌的了解均来自校外，来自我那些诗人朋友的丰富藏书，来自埃兹拉·庞德、肯尼斯·雷克思罗斯、马塞拉·德胡安和亚瑟·威利的翻译作品。早在学习汉语之前，我和几个朋友打算阅读杜甫诗歌的原文。连着数月，我们每周都聚在一起，在某个朋友的家中，花费无数个小时和无数个日子，试图从字典中找到诗歌里的文字。当然，我们最后以放弃告终，一句诗都没译出来，但我们乐在其中，而且那段经历对我来说具有决定性意义。我后来开始学习汉语，很大程度上跟那次失败的经历有关。

　　我们谁也无法得知学习一门语言会把我们带往何处，而当你学习的这门语言是汉语时，你就更需要做好准备迎接一切。初学汉语时，我就没做好这种准备。如上所言，我学汉语纯属偶然，我对读诗写诗抱有兴趣，而汉语学习则是其副产品。在阿根廷文学传统中，写作是和翻译挂钩的；新文化运动后的中国文学传统亦是如此。很多我崇拜的阿根廷诗人，比如博尔赫斯、阿尔贝托·吉里和米拉·罗森伯格，他们都是或者曾经是翻译家。在这种文学语境下，翻译不仅仅是一种职业，也为写作

北京的胡同，摄于2015年。

本身提供了一间实验室。我脑中带着这个想法开始学习汉语；但汉语显然要在我身上做些其他的施展。

我第一次去中国是2008年。那一年，北京要举办奥运会，而我则拿到了国家奖学金。当时，我已经学了近四年的汉语，最初的那些计划显然已不合时宜。汉语已在我体内安营扎寨，它拥有了一种自主性，令人始料未及。那时，我仍在创作诗歌，发表诗作，也开始翻译中国现代诗歌。我当时仍认为翻译是为我的写作事业准备的实验室。然而，我对中国的兴趣，已扩大到对中国文学、汉语和文化的兴趣，而不再局限于诗歌和写作。它像是获得了自主性，成为我身体的另一部分。

　　我至今仍记得，2008 年 8 月我抵达北京两三天后做了一个梦。我梦到在中国的一年已经结束了，我正要回阿根廷。也就是说，时间悄悄溜走，我要踏上回阿根廷的归途，而我还是原来的那个我。之所以做这种梦，是因为我当时非常害怕在中国待了一年之后毫无改变。但是那一年，我最终还是在某些方面改变了自我：我如饥似渴地学习，步履不停地在北京城里行走；我取了另一个名字；我开始读中国现代文学；我跑遍了中国的很多地方认识了各种各样的人；我游历了一些名山，一次又一次坐上火车或大巴开启新的旅程。我还想办法结识了几位我当时正在翻译其作品的诗人。回到阿根廷后，我继续打磨译文，并于 2011 年出版了一部诗集，里面收录了 19 位中国现代诗人的 100 首诗作。

　　与英语、法语等其他语言相比，西班牙语中的汉学传统相对贫瘠。直到不久前，在西班牙语出版市场上，从其他语言翻译过来的间接译本仍占主导地位。这一情况今天虽有改善，但出版社仍更喜欢采用由英语或法语译成的西班牙语版本，而不是花钱找一个合格的译者，直接从汉语翻译。这就是关键所在，因为从汉语直译要比从英语、法语或其他西方语言转译难得多，也会耗费更多时间。花三个月时间从英语翻译过来的文本，如果从汉语直译，可能要耗费一年，而后者却不见得会比前者赚得多。因此，如果一般译者已经很难用翻译来养活自己的话，那么汉语译者靠翻译养活自己的可能性更是微乎其微。

　　幸运的是，近几年来，中国一直在给翻译行业提供补贴，以向世界推广中国文学，这项举措改善了译者的状况。但即便如此，情况依然堪忧，因为很多时候译者拿不到全部补贴，或者要过很久才能拿到。这就好像一些中国的出版社，很多时候它们负责对外推广作家及发放补贴的工作，却全然忽视文学翻译所耗费的心血和时间。或者，人们还会理所应当地认为，所谓译者，就是那些把翻译当作消遣的有钱人。于是，译者就处于此等悖论中：他们一遍遍地听到文化政策的负责人哀叹译者之

2013 年，米格尔·安赫尔·佩特雷卡和中国诗人萧开愚在河南开封。

稀缺，在一个又一个论坛上强调翻译的重要性，实际上却对译者的真正需求回应甚少。

中国文学译者要做的不仅仅是翻译，他们还是法国人所称的"摆渡者"，即负责引入外国文学和文化的人。各国的出版社——阿根廷的、智利的、西班牙的，只能通过译者来了解中国文学，因此，译者的任务就是让出版者确信某部作品很重要，很有必要去译介它。这些译者的工作量已经超出其他语言译者的工作量；在很多情况下，后者不过是完成交给他们的翻译任务，而中文译者除了完成翻译外，还不得不自己在出版物中寻找他认为有价值的东西，寻找能够在读者中产生反响的东西。这完全就是一项额外的工作。

另一大障碍是，我们需要在中国旅居，以便和作者进行合作，搞研究，寻找新书，和汉语接触，等等，而中国在这方面缺乏相应的项目支持。我目前旅居的法国就有一项比较好的政策，包含几个专门为外国译者提供的居住规划。这些规划给那些已与外国出版社签约的译者提供在法国短期停留（一至三个月）的经济支持。

从我们这边来讲，也有很多要做的事情，因为事实上，虽然阿根廷每年似乎都开设新的"中国研究项目"，但这些项目主要集中在贸易和外交方面，也就是说，所谓在两种文化之间建立对话是用这样一种非常局限的方式完成的。除了一些没有机构支持的孤军奋战之外，阿根廷至今还没有人认真地尝试建立一个中国研究项目，也没有推动中国文学走进大学的措施。

当然了，这不是悲观不悲观的问题。就像我最喜欢的作家之一鲁迅所言，"世上本没有路，走的人多了，也就有了路"。尽管困难重重，尽管缺乏支持，尽管来自出版社的、来自那些总是过度推广的不良作家们的支持或是不足或是延迟，尽管缺少时间，尽管出版市场狭小，我们作为译者，还是在继续翻译着，尝试着开辟新的道路。

二

如前所述，我开始学习汉语始于我对诗歌的兴趣，尤其是中国诗歌。翻译中国诗歌与我个人的诗歌创作之间有一定关联：这项工作让我得到锻炼，从而创造出更好的诗歌。但有那么一段相当长的时间，如果有人问，我写的诗歌和我作为中国诗歌译者这项事业之间有什么关系的话，我会说没有一点关系。这个问题看似矛盾，但也可能不那么矛盾，因为一方面翻译工作和诗歌创作之间存在关系，另一方面一个人翻译的诗歌类型跟他所创作的诗歌类型之间存在关系。于我而言，实际上我并不喜欢用西班牙语创作"中国"诗歌，我所喜欢的只是翻译诗歌这项工作本身。

尽管天天阅读中国作品，所有工作都围着翻译中国诗歌转，但在我的诗作中，看不到"中国"式的东西，至少我觉得看不到。2012年左右，我去了布宜诺斯艾利斯省中部的一个小村庄，写下一首题为"山"的长诗。这首诗堪称惊喜之作，因为诗中呈现出一种中国式情感和一系列的中国元素。而我并未刻意为之，这和我多年来与中国打交道的经历有关。

下面是这首诗的节选：

......

但奇迹是不存在的。

比如现在，正是秋天，

几只喜鹊在树梢喳喳叫着。

天上，也在发生着一些有趣的事情，

全速行进。

或许现在是最佳的时刻

用以区分哪些事情可行，哪些不行。

林林林　树林中间的一块空地

林　林

林林林

林林林林林

一个人站在　林林林林林

树林中间的　林林人林林

一块空地上　林林林林林

林林林林林

一个人藏在树林中

蹲着

做着笔记

林林林林林林林林林林林林

林林林林林林林林林林林林

林林林林林林林林林林林

林林林林林林林林林林林

林林林林林林林林林林林林

林林林林林林林林林林林林林
林林林林林林林林林林林林林
他知道他自己就是一段故事的脚注。

15 岁时，我将心志集中于苍山，
20 岁时，我不再彷徨犹豫。
30 岁时，我知晓了我的命运
且学会了保持沉默。

就好像突然置身于
一个空房间
而你却不知道是怎么到了这儿。

……

我一直对瓦尔特·本杰明的观点颇感兴趣。他认为，翻译的目的之一就是让原始语言渗入目标语言，也就是说，让我们的语言包含其他语言的一个片段。这首诗多多少少带有这么个意思，因为汉字进入了文本，和西班牙语相融合，但同时又保持着它自身的新奇。

另一方面，除了象形文字游戏，除了对《论语》著名片段（在我的诗里有所变动）的暗指，这首诗的情绪里蕴含些许中国元素。对我来说（或许仅仅对我来说）是显而易见的，这一点从这首诗的标题"山"上就显露无遗。这是因为，我对山的看法与我心目中的中国形象有关，同样地，我对中国的印象也和山（或中国的山）带给我的印象有关。在一定程度上，这又和中国诗歌有关，"山"在中国诗歌中出现的频率比其他任何一个国家或任何一种文明的诗歌都要多。当我想到中国诗歌的时候，出现在脑海中的是一堆以"山"为背景或以"山"为主角的诗句。我想到了王

泰山，摄于 2009 年。

维的"空山不见人"、李白的"相看两不厌，只有敬亭山"，还有韩愈
的"黄昏到寺蝙蝠飞"。我还想到了最初读到的杜甫诗作之一《望岳》：

岱宗夫如何？齐鲁青未了。
造化钟神秀，阴阳割昏晓。
荡胸生层云，决眦入归鸟。
会当凌绝顶，一览众山小。

这是我非常喜欢的一首诗。首先是因为颈联中的意象具有双层含义。在第五句诗中，"胸"既指山的胸，又指诗人的胸怀；而在第六句中，"眦"可以指诗人的眼睛，也可以指山峰的洞穴。我尤喜诗歌的结尾，杜甫在这里想象自己登上山顶，从上往下观看风景。我知道这里是一处暗指，因为孟子曰："孔子登东山而小鲁，登泰山而小天下。"杜甫是在 736 年创作的这首诗，就在他第一次科举考试落榜后不久。那是他人生中两次科举落榜的第一次。于是，他就去现在的山东游玩，他父亲在那里任职奉天令。面对泰山，杜甫写下了这首诗。

2009 年 6 月，在离开中国之前，我在泰山顶上度过了 30 岁生日。那时，我还没有读过杜甫的这首诗，不过有人跟我说，在 30 岁前登上泰山顶的人可以长寿。那是我在中国攀登的第一座山，但并不是我有生以来第一次登山。比如我曾登上过阿根廷巴塔哥尼亚地区的一座高山。那山位于巴里洛切附近，要先花几个小时沿着河岸长途跋涉过一片山毛榉林，然后顺着一条陡峭的螺旋式小路爬坡，最后来到冰湖边上的一处营地。在中国爬山就大不相同了：取代营地的是寺庙，不仅山顶上有寺庙，途中也有。寺庙、寺庙的废墟、有古代铭文的石碑、悠久历史的遗迹，以及居住遗址。这一点让我觉得很新鲜，也很吸引人，但是除去这一点，初登泰山的经历却有些让我失望：泰山并非王维诗中所描写的"空山"。人太多了，到处都是游客，都是相机和手机，还有来来往往运送食物的小商贩、售卖饮料、水果和纪念品的小摊，以及扬声器的噪音。登完泰山后不久，我又去了黄山。黄山让我惊喜，松树盘结扭曲，直入云霄，就像我在画中看到的那样。

三

上文提及的本杰明关于翻译的看法，对于中国现代文学来说，并非完全陌生。鲁迅就提出过类似观点，即"硬译"。鲁迅认为，译者应当最大可能地忠于原文，即使在语法层面也要忠于原文，哪怕是译文听上去有些"硬"，也要忠于原作。简而言之，鲁迅将翻译看作对本国语言进行改造的一种工具。汉语的句法倾向于使用排比，也就是短句的并列，句子之间没有明确的逻辑联系，并且汉语对重复内容的容忍度也较高。西班牙语的句法更加复杂，它继承了拉丁语的严谨逻辑性。中文短句所形成的节奏很难转移到西班牙语中。很多时候，在翻译时，有必要跳出这种节奏，然后把句子重新组织成一个更长的语段。

除了句子和节奏问题，有时我也会思考本杰明的理论，然后设想有没有可能将中文渗透到西班牙文中。对我来说，翻译的理想状态之一是将"无为"的概念应用于翻译。也就是说，不要翻译，直接从另一种语言中搬运过来一个词，将其作为一个外来的"嫩枝"嫁接到本土语言的土地上，让它自己去生长。如果一个译者能够用这种方式从其他语言中"偷运"过来一个词，不加翻译，让这个词融入他自己的语言的词汇库中，那我们就可以说这个译者在两种语言之间搭建了一座特殊的桥梁。这类"搬运"行为在一定程度上与单词发音相关。比如，从日语翻译到西班牙语就有很多例子，如"榻榻米""寿司""武士道""盆景"等（不用说，这些词里面很多都源自汉语）。

而汉语就大不相同了，因为汉语的发音和西班牙语的发音差别较大，还有就是拼音不能直观地读出来。较大的问题之一就是专有名词的翻译，因为读者不知道怎么去读这个名词。举个例子，我在 2016 年译了一本格非的小说，叫《隐身衣》，小说主人公姓崔，而西班牙语读者会读成"归"（Kui）。为了让读者读出这个字本该有的发音，必须舍弃拼音的用法，将其改变为这样一种形式："Tsui"。但是在这又出现了一个问题，就是西班牙语自身的限制性，或者说是西班牙语和汉语之间关系的限制，因为英语和法语具有可替换的改编体系，可以适应他们自己的发音，至今仍被一些译者所采用，而在西班牙语中就没有类似的体系。西班牙语中没有可以替换拼音的东西。尽管如此，还是有很多汉语词汇成为西班牙语的常用词，比如"道""炒饭""豆腐""功夫""荔枝"，等等。可能中文译者的任务之一，就是尝试让新的汉语词汇在其本国语言中流通开来。从这个角度来看，译者选择不翻译和翻译同样重要。

四

2000 年初，我还没开始学习汉语，当时我有一位朋友是《易经》的狂热粉丝。她把这本书读了很多遍，背了书中的很多内容，还喜欢用《易经》给朋友算卦。每次去她家，或者我遇到大问题、困境待解决时，我都会让她给我算一卦。我们坐在位于阿尔玛格罗区的她家客厅里，她要我想一个问题，然后让我把几枚硬币扔上三次或几次。然后，她就查阅《易经》，找到对应的卦象，根据我的问题进行解释。她的解释往往既迷人又精准，以至于时间一久，我都有点依赖了。每年年尾，我是指每个中国农历年的岁末，我们都会跟这位朋友聚一聚，她会告诉我们新年会给我们带来什么。关于《易经》，我的这位朋友说，这本书不是去"猜测"未来，它仅仅是一本用来解释现在的手册，一个帮助我们做决定的指南。她这么说当然是有道理的，不过我听着她的阐释，感觉好像她真的能读出卦象中的命运。

在那之后，我到了中国，却再也没碰上过像她那样这么把《易经》当回事的人，但我经常入迷地漫步于那些在寺庙附近开设的生意摊。比如在北京的雍和宫附近，就有一些这样的生意，他们售卖年鉴、佛牌、神像、熏香，还有一些专门预测未来和算命的人。有一次，在上海郊区的七宝村，一个站在桥上的男人主动要给我看相。他跟我说了很多事情，我都不记得了，可能因为很多话在我听来有些荒谬。没几分钟，我们周围就聚起了一堆人，看着我们：一个老外正在看相算命！过了一会儿我站起来，然后付钱走人。中国人在这些事情上是挺矛盾的，因为一方面，如果你去问一个中国人关于宗教的事情，他很可能会回答："中国没有

砖铺地面上转瞬即逝的诗行，
2013 年摄于上海。

宗教。"但是另一方面，很有可能还是这个人，过会儿就去庙里烧香，或者在大街上给逝者烧纸。这是我最喜欢的中国式悖论之一。

2009 年回阿根廷之后，我有三年没有再去中国，直至 2012 年底。这次，我在上海待了六个月，给一份阿根廷日报写简讯，帮阿德里安娜—伊达尔戈出版社做一本故事集。之后，我和妻子回到阿根廷，但很快就赴巴黎定居，在那里我开始攻读中国文学的研究生课程。法国距离中国近多了，所以自从我们在法国定居后，我几乎每年都去中国做研究、查资料、看朋友和旅游。在巴黎，我们找了很久之后，终于通过朋友的朋友租到了一所公寓。难以置信的是，公寓所在的街道名叫"中国街"……有时候，即使一个人不愿相信命运，也很难做到真的不相信命运。

人物篇

在阿根廷，我为中国移民代言

袁建平（阿根廷布宜诺斯艾利斯市议会议员）

1985 年，因为工作关系，我来到阿根廷。直觉告诉我，这次外派工作可能会彻底改变我的人生轨迹。

一开始，我对阿根廷就有一种一见如故的感觉。这里气候宜人，风景秀丽，自然资源十分丰富。重要的是，阿根廷是个移民国家，所以对来自遥远东方的中国人，阿根廷人也非常友好，把我们当作自家人看待。

刚来时尽管语言不通，人生地不熟，但我们并没有感到寂寞和害怕，反而有一种家庭般的温馨。记得当时有一个邻居敲我们的门，告诉我们他住在隔壁，有什么需要尽管找他。还有一次，我和朋友一起出去办事，结果坐错公交车迷路了。我们拿出地址向一个阿根廷人问路，他解释了一通，我们也没有听懂。见此情景，他最后索性发动车子直接将我们送到目的地。

这些小事真的让我很感动，每次回味起来，心里都感觉暖暖的。多么淳朴的民风，多么善良的人民，不由得让你渴望走近他们，融入他们。遗憾的是，那时候的我说不了太多西班牙语，无法深入沟通，只能简单地跟他们连声说"Gracias（谢谢）！"

那时，在阿根廷的华人华侨很少。一次偶然的机会，我去一家中餐馆参加活动，有幸认识了餐厅的老板。老板是一个忠厚的山东老乡，异国他乡见到老乡倍感亲切。只是当时并没有想到，几年后这位山东老乡成了我的岳父。而和我太太的相识相知，更坚定了我留在阿根廷定居、成家、立业的决心。

派驻工作期满后，我回国办理了辞职手续，然后重返阿根廷。我和太太联手成立了一家贸易公司，从中国进口一些轻工产品。那时，阿根廷人非常崇拜红遍全球的中国功夫明星李小龙，他穿的中国功夫鞋在阿根廷也十分流行。我们决定经营功夫鞋。刚创业的时候，我们没有钱请很多工人，很多时候都是自己动手。

90 年代中期，正值阿根廷开放进口。随着中国移民数量的增多，进口商也不断增多，由此滋生了一系列新的问题：除报关和税务外，还有同行间恶性竞争、当地生产商以保护本地工业为名抗议，以及一些不法分子趁机敲诈勒索。当时的进出口业者真是内忧外患，困难重重。大家都强烈地意识到必须团结一致，共同面对挑战。1997 年 1 月，阿根廷华人进出口商会成立了，我很荣幸地全票当选为创始会长。

虽然旅居阿根廷，但我常念祖国，关心国内时事。2002 年，"台独"势力猖獗，阿根廷侨团自发联合起来，成立了阿根廷中国和平统一促进会，我很幸运地出任创始会长。当时的中国城，被侨胞们习惯地称为"台湾街"，因为台湾侨胞移民阿根廷的时间更早。后来，随着中国移民的数量增多，我决定牵头在中国城的入口处建造一座牌楼。牌楼代表着中阿两国人民的友谊及和谐关系。从 2005 年到 2008 年，我和中国城管委会的主要领导多次回中国福建石狮选石料、看样品，无数次地和设计师及石匠沟通细节，同时积极跟布宜诺斯艾利斯市（以下简称"布市"）政府和阿根廷建筑师沟通方案。牌楼是为庆祝阿根廷建国 200 周年，由侨胞们集资建造赠送给布市政府的。虽是赠送，但鉴于市容规划且不能有安全隐患，市政府的审批手续也非常严格，一切都要走法律程序，即首先要在布市议会提案通过，市政府才能接受，然后再由有阿根廷执照的建筑师办理接下来的一切手续。那也是我第一次接触布市议会。

除此之外，还有一项比较麻烦的工作，那就是应付少数阿根廷邻居。他们时不时地抗议、举报，甚至找律师诉讼，等等。整个过程，可谓历尽艰辛。但当时我只有一个信念，就是一定要把这件事做好，而不能退缩。

功夫不负有心人。经过三年的努力，2008年，牌楼终于落成了。参加落成典礼的是时任中国全国人大常委会副委员长、民革中央主席周铁农先生和时任北京市市长郭金龙先生。时任布市市长毛里西奥·马克里热情接待了郭金龙市长一行。牌楼的落成大大提高了中国城的知名度，也得到了阿根廷居民的喜爱和高度评价。布市政府还对中国城的几个街区进行了彻底改造：改建街道、拓宽人行道、更新照明路灯等。国内涉侨单位也赞助了许多饱含中国元素的雕塑，中国驻阿根廷大使馆也给予大力支持。在各方的共同努力下，如今，布市政府已将中国城设为重点旅游景点，布市旅游局也在中国城设立了旅游巴士站。

人生的另一个意外是，组织搭建牌楼的工作将我引入了政治。阿根廷共和国方案党（PRO）成立于2005年，因为工作的缘故，我和一些建党元老多次接触，关系也比较密切，从而初步了解了该党的方针和政策。我知道毛里西奥·马克里先生身边聚集着一批有志之士，他们年轻有为、精力充沛、高学历、高智商，更重要的是都希望自己的才干能够有用武之地，为建设美丽的阿根廷添砖加瓦。

在牌楼申请和安装过程中，因为频繁地跟市议员和市政府官员接触，我强烈地感觉到议会的重要性。阿根廷是法治国家，崇尚民主，所有法令都须通过议会批准才能生效。当时我心里就想，是时候走出中国移民的传统生活空间了，应该为阿根廷、为中国侨民做点实事。

我之所以萌生这种想法，源于两个基本现实。一方面，中国侨民的数量已经骤增至目前的18万之巨，大部分从商且多有语言障碍。因此，中国侨民需要一个代言人，以更好地和政府部门沟通，及时准确地表达侨胞们的诉求。与此同时，也需要让侨民们更清楚地了解政府的政策和

2015年2月，时任布市市长、现任阿根廷总统马克里（右）提名袁建平为议员候选人时两人合影。

法规，强化侨民遵纪守法的意识，以更好地在各行各业持续发展。

另一方面，阿根廷是我的第二故乡，我深爱着阿根廷，正如我从不改对中国的热爱一样。我人生最美好的年华都是在阿根廷度过的，我的两个孩子都是在阿根廷出生的。对于阿根廷，我怀有浓厚的归宿感。眼睁睁地看着这个美丽的国家的经济、治安和教育每况愈下，我内心十分焦虑。我很希望能为这个接纳我们、包容我们的国家做点什么，哪怕是尽一点儿绵薄之力。

最后让我下定决心从政的原因有二：一个是马克里市长。有一次和马克里先生会面时，他问我是否愿意加入共和国方案党，并建议我团结一切能够团结的力量，特别是华人社团。2009年我辞去侨团一切职务，加入了共和国方案党，专心做从政的各种准备。

另一个是习近平主席。2014年习近平主席访问阿根廷，在接待阿根廷华人华侨代表时语重心长地说，希望华人华侨能够在居住国安居乐业、遵纪守法，做中阿两国友好交流的推动者、传播者、参与者，更好地融入主流社会。而融入主流社会的最好方式，就是参政议政。

受此感召和激励，我决定竞选2015年布市议会议员。作为中国侨民唯一的议员候选人，我很荣幸得到当时的总统候选人毛里西奥·马克里先生的大力支持。

苦心人天不负。在2015年10月的大选中，共和国方案党在联邦、布省和布市均大获全胜！举国欢庆之余，回望整个助选过程，一时间真的是酸甜苦辣咸涩鲜，味味俱全涌上我的心间。

最初，我们号召布市所有侨民做选民登记手续，因为在布市，没有入籍的侨民做了选民登记后才有选举权。很多布省的侨民不知道拥有永久居留权就有义务投票选举。在我们做了一系列的宣传工作后，侨界朋友都积极响应，效果很好。许多热心人士甚至负责接送和替工，场景令人动容。真的非常感谢侨胞们的付出和帮助。

竞选期间，我在中国城设立了共和国方案党支部，我们的志愿者摆宣传桌、发宣传单，居民们可以来党部提出疑问和建议。这个大胆的举措得到了现任市长奥拉西奥·罗德里格斯·拉雷塔先生的重视和肯定。他不仅出席党支部的成立典礼，还多次到党支部办公，倾听附近居民的意见。这是阿根廷有史以来首次重视中国侨民的选举权。

在大选之前的一个月里，我们走遍了布市的每一个街区，和居民对话、宣传执政理念是我们每天都要做的功课。

这些年的耳闻目睹让我深深地感到，管理一个国家多么不易。光靠

2015 年袁建平（左）竞选布
市议会议员时的宣传海报

亲民和倾听意见是不够的。2015 年 12 月马克里总统上台时，接手的是
一个积弊深重的国家，面对的是一个人民呼唤变革的时代，治安、教育、
医疗这些和民众生活息息相关的问题都急切需要改革和改善。

上任之后，倾听和解决民众的问题成为我日常工作的一部分。从
2017 年开始，每个月的第一个周四傍晚，我都会去一个警察分局，和
分局局长一起倾听居民的诉求和意见，以便政府针对实际情况对警界进
行深入改革。我在议会的办公室，每周五下午也对民众开放。

我和我的团队在做好自己的本职工作之余，还联合侨团和侨界力量，

2015 年 4 月 9 日，袁建平和拉雷塔市长出席布宜诺斯艾利斯中国城 PRO 党部揭牌仪式。

尽可能为弱势群体提供更多的帮助。自上任以来，我们持续关注拉蒙萨尔达妇幼保健医院的需求，陆续为他们提供早产儿用的奶粉、尿片、婴儿服及产妇住院服。我们也提供了一系列的捐赠和援助，对象包括：希望之家、盲人之家、芭莲朵食堂、21 和 24 贫民区、布朗海军上将市、比拉尔市、拉普拉塔市。根据不同的需要，我们捐献了大量的衣服、文具用品、食品、玩具、圣诞礼盒和清洁用品。

令我感到骄傲的是，我有幸见证并参与了时任布市教育部长司蒂夫·布里奇先生和分管财经的副部长卡洛斯·瑞加索尼先生创办第一所公立中西双语学校的过程。这所学校承载了许多家长的希望，因为在阿

2015年5月19日，袁建平与总统候选人马克里（左）、布市市长拉雷塔（右）在华人造势晚宴上合影。

根廷中文日渐重要。这个成功的例子让布市政府有信心创办更多的双语学校。不可忽略的是，中国驻阿根廷使馆也做了大量的工作，对引进教科书和中文老师等都提供了不少方便和支持。

不唯如此，我从未忘记自己的中国面孔和当年从政的初心：为中国侨民代言。上任后，我努力为华人华侨谋求利益。比如，在我的努力下，布市的观光游览车加入了中文解说，为中国游客提供了方便。我的工作团队和布市旅游部合作，举办中国导游培训班。现在，第二期培训班刚刚开课，并首次面向韩国侨民招生。

我们也和税务、营业执照、卫生及移民局等多个政府部门合作，为新来移民举办配有中文翻译的讲座，以便让新移民尽快了解相关法律法规，并早日融入当地生活。目前，我们正推动允许使用中文参加驾照考

2016 年 8 月 28 日，袁建平参加布宜诺斯艾利斯市 21 区和 24 区捐助贫困儿童活动。

试，因为翻译交通法规的工作量相当庞大，所需时间会久一些。但这项服务实施后，将会对中资企业的中国职员和不懂西语的侨民提供极大的方便。一旦推行，阿根廷将成为拉美地区第一个可以使用中文参加驾驶执照考试的国家。

当然，这些离不开布市政府对我工作的大力支持。也正是在布市政府的支持下，中国城所在的十三区市容可谓面貌一新，更有中国味儿。比如，为了让更多的阿根廷人感受中国文化，中国城的主要街道在周末和节假日都改为步行街，所有的街道都标有中西双语街名。当然，最令人激动的是，火车站的站名也改成了"中国城站"。

但让我更觉得自豪的是，我不仅可以为阿根廷华人华侨贡献绵薄之

2016 年 5 月 11 日，布宜诺斯艾利斯中国城开通步行街剪彩仪式。嘉宾左起：袁建平议员、拉雷塔市长、杨万明大使、中国城管委会王庆苍会长。

力，还能见证并投身于深化中阿两国友谊和合作之路。2017 年 5 月，马克里总统率团赴北京参加第一届"一带一路"国际合作高峰论坛并对中国进行国事访问，我有幸陪同前往。5 月 17 日，在人民大会堂，习近平主席会见了马克里总统和代表团。两国元首相谈甚欢，会谈时间比预期延长了近半小时。我与两国元首还共同见证了中阿两国的重要时刻：多项双边合作协议的签署。参加国宴期间，承蒙习近平主席厚爱，还允许我和他自拍照片，让我非常激动。

国宴结束后，马克里总统率团乘机赶往上海，参加第二天在那里举行的上海国际食品展，我也随同前往。这是阿根廷首次派团参展。马克里总统不仅出席了开幕式，还走访了阿根廷的牛肉、红酒、奶制品等展

2017 年 5 月 16 日，袁建平在北京人民大会堂出席国宴时与习近平主席自拍合影。

位，不断为阿根廷企业加油鼓劲。他说，中国是世界上最大的市场，希望大家能向中国多多出口优质的农产品。

对我来说，能够为深化两国友谊、增强双边联系和合作贡献力量是莫大的荣幸。而令我欣慰的是，我的付出也得到了认可。幸赖同事们的理解、信任和支持，2017 年底，我被议会的同事们评选为最佳同僚。这既是对我的肯定，也是对我的鞭策。我也希望未来做好榜样，以我之力带动更多意志力坚强、有政治热情的年轻人积极参政议政，投身到中阿友好的队伍中来。中国侨民的最大优点是勤劳和节俭，但大多数侨民都对政治不感兴趣。我希望以我的行动和示范能够让这种局面有所改观，希望我们每一位侨民都能珍惜这个民主社会赋予我们的权利和义务，积极参与投票选举。作为一个流有中国血脉的阿根廷侨民，做好这些就是在为中阿两国的友谊与合作贡献力量。作为第一代移民，我有义务为下一代搭桥铺路，以便他们能更好地在这片土地上茁壮成长。

我的文化寻根之旅

古斯塔沃·伍（阿根廷知名媒体人，《当代》杂志创始人兼主编）

　　小时候，父母卧室里有一个斗柜，上面摆着一尊小小的女像，肤色白皙。"这是中国的'圣母'，"爸爸解释说。我爸爸是广东人，17岁从香港来到阿根廷时，他就随身带着这尊小雕塑。他把家安在了布宜诺斯艾利斯省圣尼古拉斯城。阿根廷人信奉天主教，所以"圣母"是指耶稣的母亲圣母玛利亚。但这尊小雕塑不是中国的圣母玛利亚，而是体察民间疾苦的观音菩萨，因此是尊佛像。我对观音像印象深刻，她跟我见过的其他圣母像不同——她是"中国人"，露着双脚，手势有些奇怪，像是在催眠，怀里也没抱着婴儿耶稣。我父亲的解释并不确切，但对一个八岁的孩子而言，这是最容易理解的回答了。

　　在这尊女像的膝头上，有一个金色小瓶。而在斗柜上，也有一个瓶子。跟观音像上的小瓶不同，斗柜上的瓶子是铜做的，表面刻有一些中国式样的记号。父母不允许我碰它，但有一回我还是把它捧了起来。它很沉，摸着凉凉的。我打开瓶盖，露出宽宽的口，看到里面装着茶叶。当时，我觉得这玩意儿无比神秘。

　　我家还有其他一些神秘的东西。比如有本相册，里面都是我父亲和别人的合影，但那些人我都不认识。还有一些画，上面绣着奇形怪状的鸟。还有一幅，画的是一个老人，留着又长又窄的胡子，被一群光头孩子簇拥着，孩子们托着一颗大桃。最神秘的，是我父亲用汉语打电话。那奇妙的发音让我困惑不已，我就沉浸在那语调中，直到他挂断电话。我独处时，还会模仿那古怪的调调自言自语。

在我的印象中，像父亲跟我解释观音像那样的经历并不多。他没能教我汉语，也不会向我解释家里那些神秘物件和关于中国的话题。父亲的沉默常使我在外自我介绍时感到困惑不已。当我在学校和小伙伴一起踢球，或在朋友家做客时，其他人立马把我当作中国人，给我起个绰号"中国人"，这种情况到现在也时有发生。

而我当时并不明白，身为中国人到底意味着什么。

对当时的我而言，"中国"就是父亲打电话时那古怪的语言、家里画上奇形怪状的巨鸟，还有露出光脚的中国"圣母"。也就是说，我的"中国人"绰号只为我指向了一个尚且模糊的世界。

对绰号的困惑过去后——毕竟阿根廷人管所有长着细长眼睛的人都叫"中国人"，又轮到了我的姓氏问题，这也让我颇为费解。小时候，在圣尼古拉斯城生活的中国人寥寥无几，我的姓 Ng（伍）对当地人而言非常怪异。上学第一天，老师问我 Ng 这两个字母有何含义，我答不出，觉得自己好像犯了错，同时也觉得学校做得不对，因为老师应该为学生解惑，而不是反过来问学生。

于是，我开始试图解开姓氏之谜。我发现，有些疑问就像一口永远填不满的井，但只要坚持不懈地去填充，终能做成一些事。而我，也在"填井"的过程中慢慢找到了自己。

1944 年的一天，几个日本士兵来到广东的一个村子，用枪托猛砸那些老旧的木门。三个孩子躲在一间屋子里哭泣，其中一个叫伍灼均，他就是我的父亲。这个村子周围有一片稻田，在阳光下发出青绿色的光芒。几年后，伍家离开老家去香港，后又从香港去美国。最后，全家人都搬到了纽约。

在定居纽约前，我父亲在阿根廷一共生活了 18 年。在这 18 年间，他像其他阿根廷人一样工作、交友、结婚、生子。1954 年，他坐了

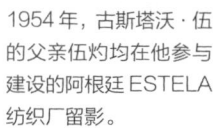

1954 年，古斯塔沃·伍的父亲伍灼均在他参与建设的阿根廷 ESTELA 纺织厂留影。

古斯塔沃·伍的父亲伍灼均（右 3）已经完全融入阿根廷人的生活。（摄于 1959 年）

三个月船，绕过半个地球，抵达圣尼古拉斯城。跟他同船的，还有一批中国技术人员，他们来阿根廷建造一家纺织厂，名叫"埃斯特拉"（ESTELA）。"埃斯特拉"是由一家在香港开办的上海公司"南洋"投资的。

年轻的伍灼均像其他广东人一样，拥有迅速适应新环境的本事。他在船上学习西班牙语，很快就和当地人交上了朋友。那些朋友邀他出海、打网球，还带他抹着上蜡、戴起墨镜、听着摇滚乐去参加 50 年代流行的野餐聚会。到工作合同期满时，他已经完全融入了阿根廷人的生活，并开始和当地一个姑娘为未来作打算。

后来，他和这位姑娘结了婚，并融入她的大家庭。这是一个流淌着西班牙巴斯克人、加利西亚人和意大利都灵人血液的家庭。父亲成为家里的摄影师，他还常和连襟们一起出去打猎、钓鱼。他称呼岳母为"妈妈"，并在上世纪 60 年代"送"给他的岳母一对外孙——我和妹妹安妮塔。

古斯塔沃·伍的父亲伍灼均和母亲塞莉娅·洛伦索于1960年举行婚礼。

1966年，伍灼均和塞莉娅·洛伦索夫妇与儿子古斯塔沃、女儿安娜·路易莎一家人的合影。

20世纪70年代初，中国移民开始涌入阿根廷。这时，父亲又带我们一家来到纽约的中国城，与他的父母和兄弟姐妹团聚。在那里，我认识了我的祖父母和各位叔伯。我还看到街上到处是中国人，那里的餐厅和我后来在广东看到的一模一样。直到来到中国，我才重新找回那时在纽约中国城感受到的气息。

后来，父亲一直定居在纽约，我与他和他的"中国世界"距离越来越远。我有20年没再见到他，在此期间，我一直在阿根廷、巴西、古巴、秘鲁担任记者。后来，我也结婚生子，组建了自己的家庭。父亲不认识我的妻子和孩子，他的印象好像就定格在我过去的生活中。但父亲就是父亲，孩子可能不在他身边、看不到他，但心里始终想着他、永远不可能忘记他。孩子向父亲倾诉、向父亲请教的需求永远不会消失。

到了不惑之年，我在布宜诺斯艾利斯找到罗尧——当年与父亲一同抵达阿根廷的中国人之一。他一个人住，爱看书，好艺术，擅长中国古典绘画。我的一位阿根廷朋友发现了他身上的价值并向他请教，于是从没收过弟子的罗尧同意教我们书法，并花很长时间翻译《易经》《道德经》等经典著作给我们讲解。

我把罗尧看作重建我与父亲关联的纽带。我开始经常拜访他，把我的子女介绍给他。几年后，他去世了，我和我的朋友、文化记者卡米洛·桑切斯继承了他的画作，同时意识到，既然我们对中国文化那么感兴趣，那就有必要为中国文化传播做些事。

这是我人生的转折点。我继续从事着记者职业，但开始将视野转向中国。

我写了一部舞台剧《谢谢你，爷爷》，讲述一个华裔少年如何通过爷爷发现自己的中国根。我带着这部作品参加了一个戏剧节，那是我第一次以华裔身份出现在观众面前。

这次经历促使我和卡米洛·桑切斯开始创办《当代》杂志，那是在2010年。

《当代》杂志封面剪影

《当代》杂志推介活动（2014
年摄于布宜诺斯艾利斯）

　　在此之前六年，即 2004 年，时任阿根廷总统内斯托尔·基什内尔
和中国国家主席胡锦涛共同宣布两国建立战略伙伴关系。当时中国已成
为阿根廷的第二大贸易伙伴。我和卡米洛·桑切斯判断，随着阿中关系
持续发展，势必要通过媒体来促进两国民众互相了解。于是，我俩找来
另一个同事内斯托尔·雷斯蒂沃，三人一起埋头创建了《当代》杂志。
《当代》也成为第一本关于中国与拉美国家文化交流的杂志。不久，我
们又进一步扩大业务，建立了杂志网站（www.dangdai.com.ar），创办
了一档广播节目《从这里到中国》（De Acá a la China），并每周为特
定客户制作一份时事通讯。

　　我的两位搭档都是经验丰富的媒体人，拥有 30 多年的报道经验。
卡米洛·桑切斯曾在多个报纸和杂志担任撰稿人，还和他人一起创办了

《当代》杂志主编内斯托尔·雷斯蒂沃（左）和古斯塔沃·伍正在录制《从这里到中国》广播节目。

《12页报》，并在阿根廷发行量最大的报纸《号角报》担任演出与文化新闻板块的责任编辑。内斯托尔·雷斯蒂沃也曾在《号角报》工作，负责经济新闻和国际新闻编审工作。事实上，创办《当代》杂志时，我们三人都在《号角报》工作。

我们带着从前积累的经验投入新的工作。此外，从2010年底起，我们三个创办人陆续辞去其他工作，全身心投入杂志事务，安排各项日程，发展业务关系。我们将大都会艺术基金会提供的一笔资助作为启动资金，后来主要靠自己的积蓄维持杂志开销。另外，我们还组建了一个新闻团队，包括撰稿人、摄影记者、审校、平面设计师，以及熟悉中国情况的朋友，这个团队一直陪伴我们走到现在。《当代》杂志的创办，首次为已与中国开展交流或正对中国发生兴趣的阿根廷不同领域从业人员提供了一个交流媒介。他们是我们杂志的主要受众。

还有一部分受众是常年生活在阿根廷的第二、第三代华裔。他们的祖辈、父辈为他们与中国之间建立了直接联系，但他们的后代，由于出生在阿根廷或从小就在阿根廷读书，因此会从阿根廷人的角度看待中国。许多华人后代都在有两国相关业务的企业工作，有些人不太会说汉语，因此他们从当地人视角、通过西班牙语来了解中国和阿中关系发展。他们跟我一样，都是混血儿。我们是中国人的后代，想找回自己的中国根。

另一部分受众则是对中国表现出强烈兴趣的普通阿根廷人。这部分受众数量大，对中国文化有好感但了解尚且不深，可能是由于看到阿根廷当地举行的中国传统节日庆祝活动、到中国城游览或喜欢研究生肖运程等原因而与中国首次接触，并对中国产生了兴趣。说到中国传统节日，和世界多地庆祝农历新年一样，近十几年来布宜诺斯艾利斯的中国城每年都会举行大型春节庆祝活动。前来参与的当地民众逐年增长，近年来达到约 20 万人。另一个普遍现象就是，在阿根廷有许多人对中国生肖感兴趣。他们主要通过阿根廷人卢多维卡·斯基鲁每年出版的相关书籍来了解运程。这一中国文化的吸引力也体现在当地出版市场上——斯基鲁的书是阿根廷最畅销的图书。据阿根廷图书商会统计，斯基鲁 2017 年出版的鸡年运程共卖出 12 万册，销量超过大文豪博尔赫斯的著作和众多外国畅销书。

《当代》杂志致力于向阿根廷人展现中国文化的不同方面、介绍中国和阿根廷在文化领域的各项交流，包括不同的生活方式、社会性质等。

在政治领域，我们关注过"中国梦"的内涵、中阿关系政策导向、中共十九大等话题。在经济领域，我们主要关注"一带一路"倡议、阿根廷在中国的大豆和红酒市场，探索具有中国特色的全球化进程。在历史文化领域，我们回顾两国建交 40 来的年历程，尤其关注 2004 年阿中关系跨进新时代至今的发展，比较 20 世纪中国和阿根廷的两位伟大领袖毛泽东与胡安·多明戈·庇隆。在教育领域，我们介绍了中国高考等制度的重要性，深入分析阿根廷和拉美地区的汉语教学现状，关注西班牙语在中国大学外语教学中的增长趋势。在艺术领域，我们每逢中国艺术家到访阿根廷就给予报道，如刘勃麟、蔡国强等。我们还写过张大千旅居阿根廷的故事，介绍阿根廷画家丹尼尔·桑托罗对中国书法的喜爱。我们有一个板块专门介绍表演艺术，比如探戈起源、北京的米隆加歌舞表演，以及郎朗、京剧团体来阿演出等活动。文学也是杂志的重要板块。我们每期都会介绍一首中国诗歌，以汉语和西班牙语双语呈现，我们还会报道访问阿根廷的中国作家，以及像米盖尔·安赫尔·佩特雷卡、楼宇那样孜孜不倦地翻译两国文学经典的译者们。此外，我们还关注社会、体育、旅游等各种话题。

《当代》杂志是阿中两国民众间的沟通桥梁，这是一座从阿根廷这端开始建设的桥梁。目前，杂志所有文章均以西文呈现，每篇的题目和导语都配有中文翻译。在阿根廷驻华使馆和驻北京、上海、广州、香港领馆内都可以读到这本杂志。我们希望，《当代》未来能在中国发行西、中双语的版本。为此，我们在2017年与阿根廷国会大学"中国文化之家"达成了相关合作协议。

帕伊多思出版社注意到阿根廷人对中国的兴趣日益增长，同时关注到我们杂志的推动力量，于是向我们几个杂志负责人提出，希望从阿根廷人的角度写一本关于中国的书，以展现中国发展的方方面面。这就是《你需要知道的关于中国的一切》（*Todo lo que necesitas saber sobre China*）这本书的由来。在书中，我们介绍了中国的历史、社会、经济、政治、文化等诸方面。这本书很受阿根廷读者欢迎，因为我们是站在阿根廷民众的认知角度来选择话题并进行写作的。而我们之所以知道阿根廷民众对中国的兴趣点，正是基于我们在其他媒体工作时积累的经验。阿根廷人对有关中国的报道持怀疑态度，不管这些报道来自西方媒体，

古斯塔沃·伍在中央民族大学
做讲座（摄于 2017 年）

还是直接来自中国的官方媒体。虽然新华社和其他中国媒体努力走近拉美受众，但并没能建立一个互动的沟通状态，反而更像是中国在自言自语，而拉美受众却没有接收到信息。这种报道方式是单向的，中国媒体报道自己想报道的内容，但没有充分考虑阿根廷人感兴趣的话题和能接受的叙述方式。《当代》想把中拉之间的这种单向传播变成双向对话方式，这也是中国近年来对拉报道努力的方向。

《你需要知道的关于中国的一切》一书出版后，同为作者的我和内斯托尔·雷斯蒂沃在中国问题传播领域打响了名声，同时获得了学术界的认可。我们被邀请参加一些正在或希望与中国发生联系的国家机构和私企组织的会议和讲座。同时，我们还参加了相关论坛和研讨会，并在研究中心、大学、阿根廷国家科学技术研究委员会（CONICET）讲授关于中国问题的课程。

就我个人而言，我的职业生涯是与我的出身紧密相连的。我研究中国，既是出于满足自我认知的需求，同时也觉得有必要向阿根廷人介绍

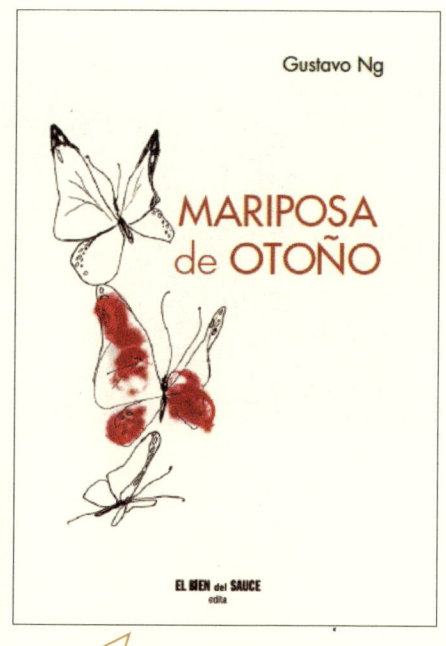

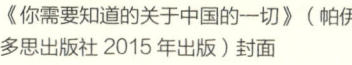

《你需要知道的关于中国的一切》（帕伊多思出版社 2015 年出版）封面

《秋天的蝴蝶》（绍塞出版社 2017 年出版）封面

中国快速发展的情况。这两种需求是互相交融的。已有媒体捕捉到这一点，并邀请我参与拍摄了两部讲述中国人移民阿根廷的纪录片，分别是《南方人》（Arribeños）和《移民》（Migrantes）。此外，《号角报》也报道了我的家庭故事。2016 年，在绍塞出版社的支持下，我的传记《秋天的蝴蝶》（*Mariposa de Otoño*）得以出版。

基于对中国生肖的相关研究，我撰写了《鸡年》《狗年》两本书来展现独具特色的中国历史文化财富，并由阿特兰蒂达出版社出版。通过这些书，我们满足了大量读者的需求，为他们加深对中国悠久传统的了解提供了一个视角。

2015—2017 年期间，我数次去中国，并在中国社科院拉美所、北

由中国国际电视台与阿根廷美洲电视台合拍
的纪录片《跨越》中，古斯塔沃·伍向祖先
致敬的片段。（2017 年拍摄于广东台山）

京语言大学、西安外国语大学、中央民族大学等学府做讲座，介绍中国
与阿根廷之间的关系。2016 年，我很荣幸成为中华图书特殊贡献奖的
候选人之一。同年，我受邀加入中国文化译研网人才库。

中国国际电视台曾报道了我近年来推动阿中文化交流的故事。此外，
为迎接阿中建交 40 周年，中国国际电视台还曾与阿根廷美洲电视台合
作拍摄纪录片《跨越》（Cerca y lejos），我也受邀参与拍摄。

在出版领域，2017 年，中国国际出版集团表达了出版《穿越中国
1 万公里》（*10000 kilómetros a través de China*）的强烈意愿，书内记录
的是我游历中国的旅行日记。2018 年，五洲传播出版社委托我在阿根
廷联系建立"中国书架"，最终，在"中国文化之家"的协助下，这个
项目得以落户阿根廷。

在推动《当代》杂志本身业务的同时，我也在积极推介罗尧那些默

2018年1月，（左起）阿根廷国会大学校长鲁文·布雷索、中国国家新闻出版广电总局副局长周慧琳、阿根廷出版商协会主席格拉谢拉·罗森贝格、中国驻阿根廷大使馆文化参赞杨川颖出席阿根廷"中国书架"揭幕仪式。

默无闻的画作，希望他的画能越来越为阿根廷人所知。为此，我和卡米洛·桑切斯曾找到中国工商银行阿根廷分行基金会的文化处，希望在他们的展览区展示罗尧的部分画作，以发挥这些作品的价值。2013年，罗尧的画展成功举办，引起热烈的社会反响，中国中央电视台也曾对此进行过报道。后来，罗尧的作品又在阿根廷国会大厦中国文化中心、BuddhaBA画廊、拉普拉塔国立大学孔子学院等地展出。

在我有幸实现的几次中国之行中，印象最深的还是第一次。52岁那年，我终于实现多年的愿望，首次踏上祖先的土地。我在中国待了两个月，坐着火车穿越1万多公里，途经城市、山区、沙漠、耕地、河流、村庄，去了9个省和19个城市。我不太会说汉语，身上带的钱也不多。我住在酒店、旅馆，或新认识的朋友家中。凡是没见过的菜，我都尝了尝。我最长坐过32小时火车，并在火车、酒吧、博物馆、广场上和许多人聊天，

古斯塔沃·伍和父亲老家的亲朋合影（2017 年摄于广东台山）

交朋友。所到之处，我都流连忘返。

我首先来到香港。60 年前，父亲就是从香港出发去阿根廷的。接着，我进入广东，并来到父亲的家乡台山，还见到了老宅——当年日本士兵进村时，8 岁的父亲正是躲在这间屋子里。这是父亲的祖父留下的房子。我去的时候，房子已无人居住，但保存完好。里面供着几处小小的先人牌位，上面点着香，摆着红色、金色的图像，以纪念我们的祖先。我的房东准备了一大桌家常菜，还带我祭拜了一圈先人，让我插上几支香，还烧了纸钱。

在一个架子上，我见到了儿时充满好奇的那尊观音像——那个肤色雪白、光着双脚、膝头托着一个小金瓶的观音。我感到体内的血液回到了原点，合上了这个长长的圆圈，同时又开启了人生的一个新循环——这是我与中国、与中国人民产生亲身接触的新的人生循环。

我的探戈激情

欧占明（阿根廷驻华使馆文化顾问，卡洛斯·加德尔探戈学校创始人）

　　1948 年，探戈诗人奥梅罗·曼西写了一首著名的探戈《南方》，其中有一句最经典的歌词是这样写的："你将永远看不到你本想看到我的样子。"曼西笔下的南方是布宜诺斯艾利斯南方的一个区，那是他从小长大的地方。当他成年离开这片土地时，他的梦想就是多年以后再次回到这个地方时，这里的所有人看到的他，不再是他离开时人们所认为的样子。这句短短的探戈歌词恰是 2005 年我从中国南方离家时的心境写照。

　　东山岛位于福建省南端，我在那里生活了 22 年。但在我离开这座海岛前往世界的另一端——布宜诺斯艾利斯之前，这座海岛上的任何人，包括我自己都不会想到，当年的我如今会成为一名探戈人，畅游在探戈的世界里，释放我对探戈的激情。

　　显然，探戈是我生命的最重要构成：工作上研究探戈、推广探戈，生活中听探戈、跳探戈、唱探戈。探戈跟我如影随形。因为探戈，我活成了一个幸福的人。

　　当我回到南方的故乡时，我可以对任何一个送别我的人说，你已经看不到你原本想看到的我的样子。这是源于阿根廷，源于布宜诺斯艾利斯，源于探戈对我的改变。

起点，是一场斗争

1993 年，我做了一场手术。手术后半年，我终于可以正常走路。在此之前，我基本上不会走路；更早的六岁之前，我不能走路。我母亲说，我是得了先天性小儿麻痹症。我不仅走不了路，双手的灵活度也很差，用"四肢简单"来形容并不为过。后来我知道，探戈大师阿斯托尔·皮亚佐拉在此前一年去世了。多年以后，我在翻译阿斯托尔的女儿蒂亚娜·皮亚佐拉为她父亲写的传记小说时才得知，皮亚佐拉也患有先天性小儿麻痹症。他从三岁开始连续做了七次手术。其中的痛苦，或许只有我能够想象——他的前六次手术基本都是失败的，只有第七次取得了成功。而我就只在十岁时做了一次手术。当时，这个手术的成功率很低，整个病房有八个人，只有我的手术最成功。所以，当翻译到皮亚佐拉做手术的片段时，我一度激动得泪流满面，也许只有有了类似的经历，才能感同身受，懂得一个孩子挨刀和康复时的痛苦。

皮亚佐拉手术后的康复期间，他父亲对他说：上帝给你关上一扇门，必定会给你打开一扇窗。这话我父亲也跟我说过。皮亚佐拉后来成为探戈历史上伟大的音乐大师，但那时我并不知道我的未来会怎么样。

上世纪 90 年代中期，出现了一股福建人移民阿根廷的浪潮。我父亲也在这个时期随一拨老乡一起移民阿根廷。送父亲去厦门机场的那一年，我正读初中，但成绩平平。我不知道上帝给我打开的这扇窗，外面是何风景。

2002 年，我高考落榜。如果换作别人，可能会在周围人的鼓励之下选择复读，再一次争取理想中的大学。但我在众人眼里被一致认为很难再考上了。所有人都建议我随便打点零工，或者让父亲给我寄钱过来做点小生意。总而言之，他们认为，像我这种手脚不麻利、读书也不给力的人，也就废人一个，能求个温饱已经不错了。这一年，拒绝我复读的还有父亲，他决定带我到阿根廷去。接踵而至的是各种质疑：我去阿根廷能干嘛？我去了不是给父亲制造负担吗？高考失利和众人的质疑让我更加渴望逃离此地，飞向那个遥远的地方。

海鸥，无悔的翱翔

在我去阿根廷之前，父亲其实就已经替我规划好了人生。他希望我像大多数旅居阿根廷的福建人一样，经营一家超市，做大后再做连锁，然后娶妻生子。

刚到布宜诺斯艾利斯的前半年，父亲把我安排在他的朋友开的一家超市里锻炼，让我学习超市里的各个工种，以方便今后自己独立开店。说是锻炼，其实就是去玩。父亲的朋友们都知道我手脚不便，没有人会让我干重活儿。在他们看来，那时候我的西班牙语已经很流利了，完全可以当助理，协助老板和本地供货商联系。这样不仅工资高，而且不用干体力活儿，不用多久就可以自己开店了。这似乎看起来很适合我。但没过多久，我就厌倦了这种环境。

阿根廷华人超市的经营模式基本上千篇一律，每天十多个小时的经营时间，待在同一个地方，每天都重复着一样的工作。我很快就发现，除了收入有增加之外，我基本上没有时间做自己想做的事情，更别说去了解这个国家了。

我决定违背父亲的意愿，选择一条他完全反对的道路——做新闻记者。他一开始强烈反对，一方面担心我的安全——那时候他不知道从哪儿看到新闻记者总出事儿；另一方面，他担心我胜任不了。一个连大学都没读过的人，西班牙语又刚开始学，怎么会写文章呢？这是他一直刺激我的痛点。

我和父亲的冲突最终爆发了。有一天我下班回家，他很高兴地对我说，他花 20 多万美元在布宜诺斯艾利斯市郊盘下一家超市，地段很好，环境也很好，可以让我和继母一起经营。那时候，我刚度过报社的适应期，尽管当时的能力可以说是一张白纸，但我每天都在接受新知识；尽管工资不高，但我乐在其中。我告诉了父亲我的情况，结果遭到他的坚决反对：他已经付了新超市的定金，马上就可以开张了。那晚，我和父亲第一次正面冲突，基本上谁也说服不了谁。为了避免更激烈的冲突，我离开餐桌，出了门。我在大街上溜达了两个多小时，脑海里不断浮现两种选择的场景，我第一次为如此艰难的抉择流下了眼泪。我给裴征宇社长打了电话。他告诉我，只要坚持下来，你就会变得更好。这句话好似一道亮光让我豁然开朗。我擦干眼泪，回到家里，这时父亲的气也消了。他看到我时只说了一句话：尊重你的选择，你只要不后悔。然后，我们各自回屋。那一刻我才发现，父子关系原来如此微妙，可以猛如骤雨，可以润如雨露。

最终，我选择了在华文媒体《新大陆周刊》做记者。这是一份让我彻底蜕变的工作。七年间，在《新大陆周刊》杂志社社长裴征宇先生的栽培下，我在采写、编译、组题、调研、编辑等方面都得到了充分磨炼。他将我从一个只有中学能力的写作者，培养成一个有着 20 年影响力的华文杂志的主笔。这为我日后研究探戈打下了坚实的基础。我在报社给自己取了个笔名，叫"海鸥"——我姓欧，在海岛出生，我非常渴望像一只海鸥那样能够自由翱翔。

探戈，神奇的魔力

刚到布宜诺斯艾利斯时，我住在弗洛雷斯区，父亲租的公寓靠近萨米恩托铁路，每天都能听到城铁路过时轰隆隆的声音。我们住在三层，每层楼有四套公寓。每天傍晚做饭时，我总会听到从对面厨房传来一种神奇的歌声，非常清晰。这歌声一听就有很长的年头，伴奏里还有些丝丝拉拉的电流声，那男中音有些凄凉，对于身处异国他乡的人来说，有一种很强的代入感。我时常被这种歌声吸引，甚至傻待着就想听听到底是在唱什么，但那时候我基本上听不懂歌词，就觉得这种歌声能很快引我入境。

不久，我经常看到对面的住户进进出出，那是一对 60 多岁的夫妇。我对阿根廷人的第一印象就是从他们开始的：外表很高冷，却有着浓厚的亲和力。有一次，我在大楼门口和他们相遇，我主动和他们说话，把每天听到歌声之后的想法告诉他们。他们特别惊讶，很快邀我去他们家喝茶。

一样的熟悉的电梯，每天上了电梯之后左转进家门，但这次右转去他们家。一进门，我一眼就看到了一台老式的立体留声机，我的第一反应就是我每天在厨房听到的歌声就是从这里发出来的。老先生进门的第一件事就是走近留声机，放上一张老唱片，那神奇的歌声就溢出来了！老太太则去厨房备茶。趁他们忙碌的间隙，我环顾这个不大的客厅。留声机的上方挂着一幅黑白人像，我凝视着他：他戴着一顶黑色圆帽，眼神像是在歌唱，招牌式的微笑给人一种亲切感。老先生告诉我，他叫卡洛斯·加德尔，探戈歌王，阿根廷的国民偶像。我在家里听到的就是他的歌声。老先生打开书柜下的一个抽屉，里面放满了探戈黑胶唱片。他说这些都是他父亲留下来的，至今一直珍藏着，每天都在听。他们不跳舞，但每天听探戈已经是他们的生活日常，像阅读、喝马黛茶、喝咖啡一样重要。

这对老夫妻成了我在阿根廷的第一对朋友，我时常去他们家做客，他们给我讲加德尔的故事，给我讲解加德尔在唱什么。回家后，我在一个叫"所有探戈"的网站上一边读歌词，一边听探戈，一边查字典，但我发现有些单词在汉西词典里根本找不到。后来，老先生告诉我，那是布宜诺斯艾利斯本土特有的俚语。他耐心地给我解释，我听不懂他就换一种方式，直到我理解为止。这样的西语学习方式让我很上瘾。我也学会了每天下班回家一边做饭喝咖啡一边听探戈的生活。后来，我在淘书时竟然发现有俚语字典，刹那间欣喜若狂。这本词典对我理解探戈歌词帮助很大。2016 年探戈节期间，我在布宜诺斯艾利斯俚语研究院遇到了这本词典的编撰者奥斯卡尔·贡德教授。他对一个中国人在多年前就用他编写的词典同样感到震惊。

我在《新大陆周刊》期间的主要工作之一是编译阿根廷社会文化新闻，每天都需要阅览文化类新闻资讯。探戈资讯是我的偏好。比如，哪里有免费学探戈舞蹈的，什么时候有探戈音乐会，什么时候有探戈艺术展，等等。甚至到了 8 月的探戈节期间，我还做了一个探戈攻略，报道了探戈节和世锦赛的盛况。正是因为职业的关系，我才可以专门关注布宜诺斯艾利斯的各种探戈活动，才可以随时去活动中感受探戈氛围。我甚至可以以记者的身份去体验媒体人才有的那种特殊待遇。我也将我在畅游探戈中读到的、看到的、听到的关于探戈的活动写下来，发表在《新大陆周刊》上。

激情探戈人

在阿根廷做记者的这几年，尽管我有过多次和探戈的亲密接触，也写过一些关于探戈的新闻或介绍，但大都是粗浅碎片。我从未想过有朝一日自己会走上探戈研究之路，更没有想过自己会成为一名探戈人。

2013 年，即我回国两年后的一个夏夜，我在北京一个探戈舞会上放音乐。时任阿根廷驻华大使馆文化参赞圣地亚哥·马蒂诺带着几个阿根廷朋友来到舞会现场。跟他一起来的还有几个来参加北京国际图书博览会的阿根廷出版商，其中一位是阿根廷大陆出版社社长豪尔赫·古巴诺沃。他整个晚上都一直站在 DJ 台边上跟我聊天。第二天，我应邀到北京国际图书博览会现场参观阿根廷大使馆的展位。他跟我说，他希望在中国出版一本探戈专著的中文版，作者是阿根廷国家探戈研究院的创始人奥拉西奥·费雷尔。旁边的阿根廷使馆新闻公使吉列尔莫·德沃托极力推荐我做这本书的中文版译者。

为中国读者翻译一本探戈著作！这是我在阿根廷就有的一个梦想，而回国之后这个愿望就更强烈了。但当这个机会真的摆在我面前时，我犹豫了。首先，这将是第一本中文版的探戈专著；第二，作者是阿根廷最著名的探戈历史学家，而且这本书还是一本探戈历史的杂文。我担心自己能否胜任：万一翻译砸了就成罪人了。看到我有些犹豫，豪尔赫鼓励我说：你是这本书最合适的译者，因为你在阿根廷生活多年，又有多年文字工作经验，更重要的是你懂探戈。

我没有拒绝的理由。就这样，我成了探戈著作的译者，而且还是两本——奥拉西奥·费雷尔的《探戈艺术的历史与变革》和安德烈斯·卡雷特罗的《探戈——社会见证者》，这两本书均获得了阿根廷外交部"南方计划"翻译基金会的资助。

刚接到这两本书时，北京师范大学出版社的编辑王则灵让我选择先翻译哪一本。我通读两本书之后，发现费雷尔的语言非常难懂，一遍很难读懂他的意思，毕竟他写的是历史评论。而卡雷特罗的这本书偏向社会学，文字通俗易懂。于是，我决定从最难的开始啃起。

经过三个多月的翻译和注释，又经过三个多月的编辑校对，《探戈艺术的历史与变革》终于在 2014 年第二届北京探戈节暨第二届探戈世锦赛中国区选拔赛开幕当天，在国家大剧院举行了新书发布会。神奇的是，探戈世锦赛组委会主席古斯塔沃·莫西先生正好在中国，也出席了我的新书发布会。他将一本我签过名的中文译本带回了阿根廷。没过多久，他给我发来了邮件：费雷尔大师已经拿到书了，他特别激动，也特别感谢我能将本书译成中文出版。附件还有一张照片——费雷尔大师和新书的合影。第二本书《探戈——社会见证者》于 2014 年 11 月出版。

欧占明翻译的《探戈艺术的历史与变革》在 2014 年布
宜诺斯艾利斯探戈节期间发布。

就可读性来说，第二本更流畅，更通俗易懂。

第一本书面世后，褒贬不一。这是我事先能想到的。褒奖的是勇气，能够挑战权威，填补空白；贬低的则是中文翻译不够流畅，甚至错误不少。无论是褒是贬，都已成无法改变的事实。我唯一能做的，就是推出新作，用新作品来代替读者对这本书的印象，即用自己的文字和视角书写探戈。然而，我只是翻译了两本探戈方面的著作而已；换言之，我只是对两本书做了深度阅读，尚未对探戈有一种完整的立体的学术构架。

工欲善其事，必先利其器。既然决定走探戈研究之路，我必须有属于自己的探戈书房。于是，我决定前往布宜诺斯艾利斯，专门淘书。

2014 年 8 月 4 日，阿根廷国家探戈研究院
院长奥拉西奥·费雷尔在办公室接见欧占明。

布宜诺斯艾利斯的双收之旅

　　2014 年 7 月底，我需要回阿根廷更换我的居留证，正好借机淘一些书回来，专心研读和写作。到布宜诺斯艾利斯的第二天，我就开始遍寻书店和旧书市场，搜罗市面上所有与探戈历史和文化相关的图书。一周过后，我发现自己买了近 30 公斤的探戈书，其中大部分是旧书。

　　这次前往布宜诺斯艾利斯的最主要任务之一，就是拜访《探戈艺术的历史与变革》的作者奥拉西奥·费雷尔大师。费雷尔大师对探戈历史的最大贡献，是在 20 世纪 80 年代出版了一套三卷本的探戈百科《探戈之书》。这套书的第一册是历史概貌，第二册和第三册是人物辞典，图文并茂。当时这本书市面上基本上已无踪影，我通过一个街头报亭的

2014 年 8 月 14 日，阿根廷国家探戈研究院院长奥拉西奥·费雷尔（右）给欧占明颁发外籍研究员证书。

老板才买到整套书。

　　我从莫西那里拿到了费雷尔大师的电话，我们约好 8 月初的一个午后去拜访他。我和 81 岁的大师彼此都非常激动。他不停地说"谢谢"，谢谢我将他的书译成中文，我也谢谢他给我的机会。他说从来就没想过自己的书会在中国出版。我们虽第一次见面，却一见如故，他像是见到了一位好久没见的学生。我带着中文本让他签名，他在扉页上先是画了一朵小花，然后拉下一支干，两边写上他和他夫人露露的名字。这是我见过的最独特的签名。我一边喝着咖啡，一边听他的故事。他说最近刚完成了一本新作《探戈的最佳世纪》，当时刚刚交给编辑，还没有样书。不过回国之前，他让他夫人的侄子将书稿用 A4 纸打印出来，厚厚的一叠送给了我。

我们快喝完咖啡时，他突然对我说，明天我带你参观一下阿根廷国家探戈研究院，我想聘请你做我们的外籍研究员。我怕听错，赶忙追问："对不起大师，我没听清楚，请您再说一遍。"他又说一遍，还说我会是唯一的中国研究员。我当时激动得热泪盈眶。我何德何能堪当如此荣誉呢？我唯有以拥抱表达我的感谢和感激。

第二天下午 4 点整，我和费雷尔大师同时出现在五月大街上的国家探戈研究院。这是一栋有着 100 多年历史的老楼，门口旁边就是阿根廷的百年老字号——著名的多多尼咖啡馆。我搀他上楼，他带我参观了著名的探戈历史博物馆，以及以他的名字命名的活动主大厅——那是几乎所有探戈大型活动的举办地。随后，他带我到秘书处，秘书长已经准备好了我的聘书，就等费雷尔院长签字了。大师签完字，亲手把聘书交到我手里。我感觉这份聘书沉甸甸的，像是告诫我要坚守，又像是一盏明灯，指引了我的学术前程。

然而，对我来说这只是一系列惊喜的开始。

距离布宜诺斯艾利斯探戈节还有不到一周的时间，莫西先生致电给我，说准备在探戈节期间为费雷尔大师的中文版作品举行一场发布会，时间安排在 8 月 14 日，即开幕式后的第二天。很快，我就在探戈节的官网上看到了发布会的介绍。如期举行的发布会由国家探戈研究院时任常务副院长、现任院长、探戈历史学家加布列尔·索里亚主持。

惊喜还在继续。

8 月 12 日晚上，我正在一家咖啡馆里读书，又一次接到莫西的电话。他说，布宜诺斯艾利斯市政府在开幕式当天要对我进行表彰，以感谢我对探戈所作的贡献，同台领奖的还有几位国宝级大师，如 92 岁的国宝级歌唱家阿贝托·波德斯塔、81 岁的费雷尔大师等，共 23 人。

这是布宜诺斯艾利斯市政府第一次把探戈杰出贡献奖颁给一个中国

人。我深深记得，开幕式当天，当布宜诺斯艾利斯市文化局长隆巴尔迪将马克里市长签字的奖状颁发给我时，我说：在所有领奖的人中，我对探戈的贡献是最小的。但我深知这既是对我的认可，又是一种责任，一份在中国推广探戈的责任。我将不负重托，努力前行。

一份聘书，一份奖状，更坚定了我要成为一名职业探戈人的决心。

挖掘历史人物的传奇人生

对很多中国人来说，最熟悉的探戈大师可能就是阿斯托尔·皮亚佐拉，因为他的很多代表作品在中国都广为流传，甚至被误认为是"探戈之父"。我决定还原给国人一个真实的皮亚佐拉，除了他的音乐，还有他的探戈人生。

2015 年 9 月，阿根廷大陆出版社的豪尔赫再次来京参加国际图书博览会。让我惊喜的是，这次参展他带来了不少探戈方面的图书。展览结束后，他把与探戈相关的图书全部赠予我。其中一本正是我一直在寻找的皮亚佐拉的传记《阿斯托尔》，作者是皮亚佐拉的女儿蒂亚娜·皮亚佐拉。这本书是蒂亚娜根据和父亲的对话写成的传记小说，文中有大量皮亚佐拉的自述，再加上他女儿是记者出身，语言生动流畅。我想，如果把这本书翻译出来，一定会让皮亚佐拉的中国粉丝们有一个全新的认识。于是，在豪尔赫的协调下，人民日报出版社和阿根廷校对出版社（Ediciones Corregidor）签署版权合作协议，决定出版此书并由我担纲翻译。令人欣喜的是，这本书再次获得阿根廷外交部"南方计划"基金会的翻译资助。

译完《阿斯托尔》之后，我愈发觉得需要对一些重要的探戈历史人物给予全面介绍，比如通过人物小传的方式将一个个人物鲜活地展现出来。2015 年底，我开通了个人微信公众号，取名"探戈人海鸥"。公

欧占明与两位阿根廷国宝级探戈歌唱家胡里
奥·戈多伊和阿贝托·波德斯塔合影

众号的特点是可以将文字、视频和音频同时呈现在一个页面上；更神奇的是，我不仅能够在 QQ 音乐上找到几乎所有的探戈传统音乐，而且能够将探戈作品的音频或视频插入相关文字，如此读者便可以文字、图片、音频、视频等多重方式感受探戈的魅力。我顿时觉得，自己从一个传统的纸媒体人变成了一名探戈自媒体人。

我重点选择了一批具有时代意义的重要人物，包括作曲家、演奏家、乐团指挥家、歌唱家、词作家以及舞蹈家。我给这个系列取名为"探戈传奇"，我还改变了直译的方式，而主要是通过我的视角和思考讲述这些探戈大师的故事。虽然这种小传不太适合微信阅读，但起码每一篇都具备可读性，都可以让读者从中获得有价值的内容。

2016 年回到阿根廷之后，我还有幸单独采访到两位国宝级班多钮

欧占明拜访阿根廷班多钮手风琴大师瓦特尔·里奥斯，在他家里进行了长达四个小时的访谈。

手风琴演奏家瓦特尔·里奥斯和维克托尔·拉瓦连。前者是阿斯托尔·皮亚佐拉的最佳传人，我曾在里奥斯大师家与他进行了长达四个多小时的对话。2017 年和 2018 年，他应邀到中国演出，反响强烈。后者曾于 1959 年随阿根廷著名探戈大师奥斯瓦尔多·普格列瑟到访中国，他是当时访华的乐团中唯一一名还健在的乐手。那年他只有 23 岁，如今尽管已经 83 岁，但依然活跃在舞台和班多钮教学上。我这次阿根廷之旅的最后一天，才约到了拉瓦连大师的采访。与历史创造者和亲历者面对面对话，恍如做梦。我能作为一名倾听者、记录者，将他们的故事转诉给中国的读者，实乃幸事。

推广探戈，肩负重任

2017 年 6 月 1 日，探戈世锦赛中国区选拔赛在南京举行，阿根廷驻华大使盖铁戈先生以裁判委员会主席的身份莅临赛场。比赛间隙的一天，大使找到我，提出让我代表使馆推广探戈的想法。我向大使介绍了当下探戈在中国的发展情况，并提出了一些自己的观点和看法。盖铁戈大使深以为然，遂聘请我到使馆工作，并支持在使馆创建卡洛斯·加德尔探戈学校。有了盖铁戈大使的信任和大力支持，我用不到一年的时间，将卡洛斯·加德尔探戈学校打造成了一个开放平台，以官方身份与国内各高校、企业和民间推广机构深度合作。这个平台不仅推广探戈舞蹈和历史文化艺术，还努力推动探戈与中国元素的融合，推出一种全新的中式探戈，这实际上就是中阿文化交融互鉴。

尽管探戈艺术的探索之路漫长且不可期，我仍然乐此不疲。我做好了坚持前行的准备。作为一名中国人，能够代表阿根廷驻华大使馆向中国同胞介绍这门艺术，这不仅是一种荣幸，更是一种责任，激励我在这条路上越走越远。

我的声音，华人的力量

林文正（阿根廷国家级播音员兼主持人，现任布宜诺斯艾利斯"概念广播"电台台长）

《阿根廷周刊》专访林文正的
一期封面（2012 年 7 月）

　　2008 年 8 月 8 日，下午 1 点 58 分。我面对着的，是曾在梦里见到过的一大人生挑战。这一刻我停住了。我面前摆着三台摄像机，周围有 24 名记者，还有无数制片人和技术人员。这里是阿根廷公共电视台第四制作室，一切都准备就绪。少顷，导演从控制室里对我说："卡洛斯，注意了，60 秒后开始直播。"

　　即将播出的这档节目名叫"国家研究"，是一档覆盖全阿根廷 24 个行政单位的节目。正是在这一天，我被选中接替胡安·阿尔贝托·巴迪亚，这位阿根廷电视史上最资深的主播。也正是这一天，2008北京奥运会拉开帷幕。那时，我还是一名年轻的主持人，我的华裔身份让我能够在那一天、那一个地点出现在上百万阿根廷观众面前。而在全世界，坐在电视机前收看北京奥运会的观众则达数十亿人。人们对这届奥运会抱有极大的期待，深知它必将成为一场令人难忘的体育赛事，成为首次在中国举办的高水平竞技体育比赛——更为重要的是，它将成为中华民族数千年文化走进世界千家万户的一扇窗户，无论是造纸术、印刷术、瓷器、指南针等贡献世界的中国智慧，还是长城、兵马俑和丝绸之路等中国符号，都在开幕式上一一呈现。

运动员李宁在空中起跑，奥运生活在北京点燃……与此同时，在世界另一端的阿根廷，表示"直播"的红色指示灯被点亮。与它一同亮起的，还有我的未来。

伴着耳畔制片人的指示和同事的呼吸，我在脑海中回顾了第一个板块。在这个板块，我将介绍数字"8"对于中国人的含义。整个节目过程中，我始终保持着高度冷静。这种状态一直持续到我说出"好了！享受这一刻吧！"这句话为止。一阵快乐忽然袭来，这种感觉让人不自觉地露出微笑，自然而然地闭上眼。就在那一瞬间，我回忆起1982年4月的那个下午——那时，我和父亲、母亲、弟弟刚抵达阿根廷不久，我们坐在五月广场总统府对面的草坪上照了一张合影。我们这个移民家庭来到此处，寻找更美好的未来。除了希望，我们一无所有。我们将太多东西留在过去，又把过去留在身后，只愿在这片富饶之地拥有未来。

一直以来我都清楚自己的种族，可是一旦说起身份问题，我又感到很矛盾。我传承了中国五千年文化的血脉，在玻利维亚出生，却在阿根廷长大……然而有一天，我却想也没想，仅仅下意识地就解开了这道奇怪的方程。那是2015年8月的一个晚上，布宜诺斯艾利斯市文化局请我主持世界探戈锦标赛，在公布世界最佳探戈组合分数前的一小段时间里，我需要引导台下 3000 多观众产生一些期待。然而，一位 80 多岁的老人大声质疑我的身份是否配得上阿根廷探戈，让我的工作无法继续。话筒开着，于是我用一种出其不意的方式回答了他："两岁时，我出生在阿根廷。""两岁时出生"，如若不是探戈歌王卡洛斯·加德尔说过这句话，那这简直荒谬至极。但这句话却如此神奇，好像向那位对阿根廷探戈无比苛严的老人挤了挤眼。就这样，我成了正儿八经的布宜诺斯艾利斯人。

我的故事里有很多具有阿根廷基因的标志性元素。"马尔维纳斯"，即马尔维纳斯群岛，就是其中一个。1982 年对于阿根廷是一个十分戏剧性的年份。军政府准备发动对英战争，而两国间的冲突又以一种令人猝不及防的方式侵入了阿根廷人的生活。当年 4 月，各大媒体发布消息，告知民众阿根廷已经决定参加这场自共和国建立以来的首场战争。所有人都清晰地记得那一刻自己正在做的事情：有人正在学校念书，有人正在购物，有人正在工作，而还有许许多多的人正看着电视直播。正是在这样的历史背景下，我们一家人——父亲林占山、母亲林梦玉、弟弟林永川和我——抵达了布宜诺斯艾利斯埃塞萨国际机场。

那是我们第一次踏上阿根廷的土地。在这片久负盛名的肥沃土地上，我们将要播撒种子，探寻我们梦想的大树和森林（而我们的姓氏"林"也正代表着森林）。

我的父母虽然不懂西班牙语，但在面对逆境时，他们身上却始终体现出努力、牺牲和坚持。他们别无选择——带着两个嗷嗷待哺的儿子，只能勇往直前。在阿根廷，我母亲名叫"露西"，父亲名叫"恩里克"。初到阿根廷，他们身上只有 1 万美元，于是用 6000 美元买了一套小房子（就是萨维德拉区 279 号的那套房子），然后又用剩下的钱成立了一家小型珠宝加工厂，生产耳环和发卡。

我父亲在家加工，母亲则将产品带到十一区销售。十一区位于布市

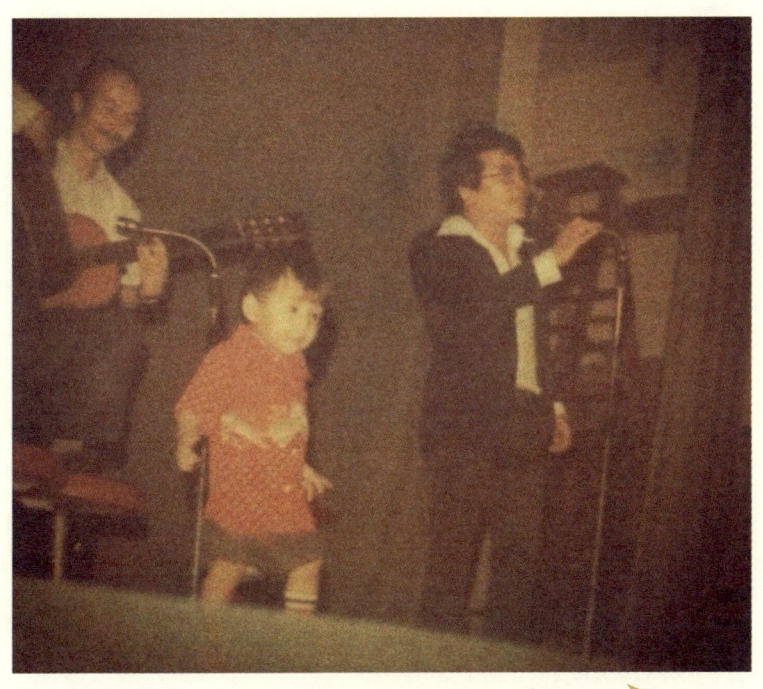

1982年，两岁的林文正第一次登上舞台（旁边，父亲林占山正在华人社区活动中演唱歌曲）。

中心，是一个商业区。每个月，母亲都会带着装有产品的口袋去十一区售货两次，每次都会带上4岁的弟弟巴勃罗（林永川）和6岁的我。那两天，我和弟弟都有福了：76路公共汽车从我家门口开过，载着我们来到市中心的繁华喧闹之中，而我和弟弟期待的，却仅仅是母亲售货结束后带我们到Pumper Nic（一种类似麦当劳的阿根廷快餐）去吃幸运盒子。只是这样，我们就可以很快乐了。可是，直到后来我们才知道，母亲在那些下午辛辛苦苦挣来的钱，全部花在给我们买食物和礼物上了。每次她都得靠那些礼物，才能让我俩回家。

有一天，父亲忽然有了一个好点子——在发卡上加一颗仿真钻石。

这个想法在当时实在是太新潮了，订单数量一下子翻了四倍。我现在仍然记得，我和巴勃罗放学回家后也会帮他们加工发卡——因为我们知道，我们粘在发卡上的每一颗"钻石"，都能变成买一盒牛奶的钱。

1989 年至 1990 年，阿根廷遭遇了严重的通货膨胀危机，进口商品大量涌入使得竞争变得异常激烈，父亲的工厂经营情况每况愈下。在这样的情况下，一个拯救我们的机会出现了。

那时，父亲打算开一家超市，后来它也成为阿根廷最早开设的几家华人超市之一。30 年后的今天，超市已经成为阿根廷华人社区的一种身份标志，甚至会有人将华人社区与华人超市画上等号。我们给它起名为"露西超市"。200 多平方米大的超市，位于中产阶级生活的卡瓦丽托区富兰克林路 738 号。超市刚开张时我只有 10 岁，而我离开超市时已经 28 岁了。正是在露西超市，我练就了做播音员和翻译的本领，而我也明白，那间超市成了连通中国人与阿根廷人的桥梁。

当时，父亲卖了全部的家当买下超市。那天夜里，我们睡在仓库的夹层。我还记得，母亲讲话的声音中明显带着几分不安，她念叨着"但愿一切顺利"。很久以后我才知道：买下超市后，父母只剩下 200 美元，而他们却有三个孩子要养活。妹妹苏珊娜（林凯慧）已经有六个月大，而我和巴勃罗两人一个十岁、一个八岁。尽管我们的现金少得可怜，但我们却拥有一家超市，那里有我们的未来。

20 多年里，母亲负责收银，父亲负责采购；长大一点后，巴勃罗在熟食区帮忙，我则负责摆货，而且还有更重要的工作——翻译。没错，我负责帮助父母与客人、与凶巴巴的供货商、与一头雾水的雇员进行沟通，翻译日常生活里遇到的各种情况。正是这份超市的工作，让我明白了"语言壁垒"这个概念。一个人在一个地方生活，可是却不能掌握当地的语言，势必会导致一些不平等的事情出现。人总想努力去学，但这种事急不得。有时，语言学习是一个漫长的过程，而让上了岁数的人学一门语言则要花三倍的时间。正因为如此，我所扮演的角色，对于我家的经济和生活而言愈发重要。

我家挣得的每 10 个比索中，就有 8 个比索投在了孩子的教育上。母亲常说："也许我们不能给你们留下很多钱，但我们的确给了你们很好的教育。"我们在拉萨尔学校念书。这是一所法国人开的天主教学校，教学很严格。我的同学都来自上流阶层，父母或是大庄园主，或是企业家，还有一些人则是有名望的政治人物。而我仅仅是一个经营超市的普通东方人家的孩子。我的父母一周七天每天都在工作。因为没时间，更主要的是因为语言不通，他们从来没去学校参加过一次家长会。

在学校里，足球扮演着重要的角色，它将具有不同社会背景的孩子聚拢在一起。由于我们兄弟俩从小就擅长踢足球，因此很受大家喜爱，也总被叫去踢球。就这样，我们和其他社会阶层建立了联系，并在这种氛围里成长。早晨我在精英学校里上学、锻炼，下午则在家庭超市里劳动、做翻译。

家里本希望我能成为一名医生。我母亲的梦想就是有一个当医生的儿子。《我的医生儿子》是乌拉圭剧作家弗洛伦西奥·桑切斯于 1903 年创作的戏剧，讲述了 20 世纪初寡头阶层与搬至城市寻求进步的人们之间发生的冲突。自己儿子的社会身份提升，进而生活质量提高，是我母亲一直以来的梦想。这当然也曾是我的梦想！但是，我中学最后一年发生的事，犹如圣火般指引着我，决定了我的命运。各种机缘巧合，让我在一个月时间里知道了两个电视频道：Telefe（11 频道）和美洲频道（2 频道）。

我 18 岁时告诉母亲我不想做医生，并没有费多大劲儿。可到了 28 岁，我告诉父亲我不想继承家里的超市，也不想继续在超市工作时，那可真是太难了。那时我已被高级播音员学院国家播音员专业录取。我的注册号是 7676，和童年时期从我家门前开过、带我们去市中心的 76 路公交车一样。与此同时，我还被布宜诺斯艾利斯大学的大众传播专业录取。我在"碳化"（Carburando）这档神话级赛车类广播节目做播音员，还为一档新闻节目做记者。不过，那时我既没有看清未来，也没有把播音当作一种可能的职业选择，但是我已然爱上了这个职业。

孔子云："好之者不如乐之者。"2008年，当父亲问我和巴勃罗是否愿意继续经营家中的生意时，我便给他讲了这句话。父母都已经累了，他们曾经想过把超市卖了。超市经营得很好，对于28岁的我和26岁的弟弟而言，它的确能让我们快速挣到钱。但是，我们还是心怀敬意地说"不"。

现在巴勃罗36岁，是一名系统工程师，在法兰克福工作和生活。妹妹苏珊娜28岁，是企业管理学士，住在巴黎。而我是一名播音员兼记者。"播音员？"听到我的职业，父亲曾经质疑过。他直截了当地告诉我："一旦你选择这条路，我们是不会帮你的。"

但我坚持我的路。我是阿根廷唯一的华裔播音员，我的职业目标很明确，那就是发出声音。这么说合情合理。2010年1月，在布宜诺斯艾利斯的中国城，我就做到了。我受邀主持"欢乐春节"新年庙会。那时，庙会的舞台仅仅是一块4米长、3米宽的场地，节目也只有5个：三个武术学校带来各自的武术节目，一个舞蹈节目外加一个经典的舞龙舞狮。他们交给我麦克风，让我在八小时的活动里调动现场气氛。八小时啊！我还记得，当时我走上舞台介绍一个节目的表演团队，当节目开始我走下舞台时，又需要赶紧给下一个节目的表演团队打电话。节目结束时，我又走上台去，由于下一个节目需要推迟，我得在这段时间里讲一些神话故事。观众们都满脸期待，享受着精彩纷呈的中国文化。

就这样，我开始与华人有了联系，开始了解旅阿华人群体并参与到他们的生活中去。从2010年农历虎年开始，在中国城的阿里贝尼奥斯街和欧拉萨巴街的那个街角，欢乐春节新年庙会让我融入了华人群体。

随后，庙会活动开始以指数级的速度发展。中国的快速发展让我们每个华人受益。2010 年仅有千余人参加活动，而到了 2011 年，这一数字便增至两万。2012 年是农历龙年，在布宜诺斯艾利斯市政府的支持下，我们将活动地点搬到了一处更大的公园——毗邻中国城的巴兰卡斯·德贝尔格拉诺公园。

我还记得与一位旅游部官员之间发生的趣事。在我们策划活动时，我向她透露预计将有五万人参加当年的活动。她十分怀疑地对我说，如果真能有如此规模，他们会在新的旅游巴士路线上增设中国城这一站。结果，两天的活动，有六万余人参加。当然，几个月后，旅游巴士也增设了中国城这个站点。

"欢乐春节"新年庙会逐渐变成了一个品牌，不断发展壮大。2014 年农历马年的庙会开幕式上，布宜诺斯艾利斯市文化局局长埃尔南·隆巴蒂在讲话中提到了一条路透社新闻：在所有西班牙语国家举办的"欢乐春节"活动中，布宜诺斯艾利斯的活动是参加人数最多、组织最好的。第二天，阿根廷各大媒体都刊文证实了这一点，"欢乐春节"新年庙会也被写入布宜诺斯艾利斯市的官方活动日历中。

这真是一个巨大的成就！这样的话，华人群体至少一年有一次发声的机会了。通过文化展示与交流，两国人民能够放下偏见，相互了解彼此。

在这种情况下，我扮演的角色至关重要：我要发声，并以自然的方式发声。毫无疑问，这是一份荣誉，但也更是一种责任。我不再仅仅代表自己发声，而是代表所有华人——甚至毫不夸张地说，代表了上亿中国人——发声。我从龙和狮子的神话故事开始讲起，讲到战国时期，讲到茶叶的故事，讲到修长城的故事。人们越来越了解我所做的努力。我的舞台也越来越大。各种工作机会开始不断出现，这其中有世界探戈锦标赛、烹饪比赛、布宜诺斯艾利斯庆典、阿根廷综合展览会、阿根廷赛马节，也有各种音乐节和私人活动。

电视主持人林文正

　　不过，我的职业道路和主要经历依旧放在媒体上。我在公共电视台做播音员、做记者。但随着工作越来越多，我逐渐意识到，自己需要做一名"中国记者"。正是我所拥有的独特身份让我脱颖而出。于是，《基础汉语》这档节目诞生了。这是一档免费教授汉语的电视节目，每周在都市频道（Canal Metro）播出一集。节目承诺，观众收看一年后，将可以用中文进行基本交流。节目内容则包括旅游、餐厅吃饭、超市购物或是参观佛教寺庙时需要用到的简单的中文。对节目感兴趣的人非常之多（中文已经成为大学生优先选择的第三大专业）。我的想法很简单，但也很难：两位老师每次挑选 10 个汉字列成一张清单，而我们则需要把它变成一档电视节目。

　　就这样，阿根廷第一档中文节目诞生了。我们赢得了 2015 年度的马丁·菲耶罗奖的原创节目奖。马丁·菲耶罗奖是阿根廷电视行业最重

林文正在布宜诺斯艾利斯主持探戈节活动。
（2013 年 8 月）

要的奖项，评委们认为我们的节目是阿根廷最好的三档文化教学类节目其中之一。我们伸出手竟然就碰到了天！

然而，巅峰也有终结的时候。随着节目不断推进，准备课程变得越来越难，而且收看节目的观众也开始变少。面对这样的危机，我用东方逻辑思考：危机等于机遇。于是，2016 年我又有了另一个非常棒的点子：《千年》，拉丁美洲首个介绍中国文化的节目。那时我们已经转移到更加重要的美洲 24 频道。我们在编辑、制作和美工方面投入了更多资金，并与五洲传播中心签订联合制作协议，进一步拓展节目内容。

我们制作《千年》这档节目的目的——也是我们的宏大目标——就是增加阿根廷人民对华人群体的了解，消除对华人的偏见。阿根廷人对华人的惯性认识是不爱干净、反社会、只会开超市、不给冰箱制冷、不交税，等等。我希望这档节目能取得成功，由我们讲述辉煌的中华文化，讲述中国人在牺牲与努力中赢得进步和成功的历史,讲述中国人所拥有的智慧、传统和美食;从今以后,每当在街上看见中国人,人们都会说:"快看啊,那个千年文明。"千年文明理解道教,尊崇儒教,并且还能与佛教和谐共生。千年文明在五千年历史长河中生生不息。

华人在阿根廷的历史并不算长。20世纪50年代,少量华人移民阿根廷。1980—2010年间,约20万华人来到阿根廷,分散在全国各地。有两个华人与阿根廷媒体的故事给我留下了很深的印象。

第一个故事的主角是中国前总理温家宝。温总理于2011年对阿根廷进行正式访问,这次访问也让我与中国外交界及阿根廷总统府建立了最初的联系。玫瑰宫礼宾司请中国使馆为当晚的文艺演出安排一名主持人,负责介绍中方节目。阿方为演出准备了探戈、民乐和歌曲。

原计划安排我介绍中方的节目,阿根廷主持人介绍阿方的节目。这是我一直期待的重要机会。然而,当礼宾司发现中方推荐的主持人还能说一口流利的西班牙语时,当即决定让我一个人用两种语言主持整场活动。就这样,在时任阿根廷总统克里斯蒂娜·费尔南德斯·基什内尔、中国总理温家宝及阿根廷多位部长和数百位政府官员的面前,我独自主持了整场活动。

京剧、中国功夫和民乐演奏,之后是探戈界传奇乐队赛斯特托·马约尔、歌手特雷莎·帕罗迪和阿根廷民歌,我一一介绍。这对我来说再简单不过了,因为我早已习惯了主持这项工作。如果说还有什么是我尚不习惯的,那一定是正在前方等待我的、充满惊喜的未来。

随后,我又被推荐为总统晚宴的主持人。晚宴设在埃娃·庇隆厅,两国的高级别官员都将参加。这项工作对我来说也不是太难。他们给我的唯一指示就是:"当总统进来的时候,你宣布晚宴正式开始,然后注意观察,一旦总统停下来,你就宣布晚宴结束。"我照做,并乐在其中,这就是把事情做好的秘诀。第二天，玫瑰宫礼宾司打电话问我，今后如有类似的机会，我是否愿意加入总统府主持团队。我的回答你可想而知。

第二个故事整个华人群体都记得，那是我作为主角参与一场电视辩论，我所要辩驳的，是媒体对中国城的不公正指控。与我辩论的对象是一个仇恨中国人的家伙，因其头上有一小撮辫子，人们叫他"小辫子"。他住在中国城中心位置，却总企图想方设法关掉中国城。

2013 年 9 月，"小辫子"在媒体上发出了一则很奇怪的消息。他展示了两张照片，表示中国城的一家餐馆向公众出售的食品卫生条件极差，一家超市存鱼的冰柜并没有制冷，很多商户的墙缝里住着很多老鼠……他所说的一切都没有确凿的证据，却在电视新闻上如此信口雌黄。

然而，由于中国城的商户们掌握的西班牙语十分有限，电视台也没给他们辩驳的机会，因此中国城遭到污蔑却没有发出任何声音。整个事件中，中国城完全处于不利地位。就在这时，郑女士给我打电话了。她是我很尊敬的一位糕点师，在中国城经营糕点生意。她在电话中说："我们完全是哑巴！电视台记者和摄像机都在这儿，但是针对那些恶意诬陷我们的不实指控，我们完全无法辩驳。文正，请你帮我们说说话！"她的话给了我重重一击。

我毫不犹豫，立刻赶到中国城。鉴于媒体的压力，市政府也派来了卫生监测团队。我在街角看见"小辫子"，于是走了过去，没说两句我们就开始争吵。我当时并不知道，与此同时新闻摄像机把我们的举动都录了下来，于是一条题为"肮脏腐烂的中国城"的新闻在媒体上炸开了锅。

不过，一名支持华人的播音员出现在舆论之中。当晚 10 点，美洲频道《第三立场》节目组织了一场我和"小辫子"之间的辩论，由知名主播罗兰多·格拉尼亚主持，我代表中国城对指控进行辩驳。辩论仅仅持续了 30 分钟，人们就能看出"小辫子"的证据都是假的。原来，他

全家福（左起：林文正、父亲林占山、母亲林梦玉、妹妹林凯慧、弟弟林永川）

的背后还有一股政治力量，这股力量借助那家电视台，与时任布宜诺斯艾利斯市市长马克里作对。他们的意图是在 2013 年的中期选举中击败他。后来我们得知，这场指控中国城肮脏腐烂的媒体攻击，其目的是制造一种华人生意的背后有腐败政府撑腰的感觉。所有的一切都是假的，借助电视辩论澄清，这场针对中国城的指控就此画上句号。

一位身家万贯的中国企业家曾告诉我："我可以买下一切，也可以拥有一切，可唯独有一件东西我无法得到。这件东西你有，那就是语言。"听他这番话时我还年轻，不懂他说的含义。今天，通过"发声"，我开辟了一条路。电话响起，无数工作邀约找到我。我始终保持着与媒体的沟通。但除此以外，我还有一个梦想，那就是创立一个属于我们的、真实存在的媒体平台。

我希望我的父母能够了解阿根廷和中国正在发生的事情。尽管现在有各种报纸和手机新闻应用，但华人群体仍然需要一个属于他们的新闻媒介。终于，我和一群与我有相同想法的专家实现了这一点，我们创立了一个覆盖电视、网络、手机应用甚至广播的媒体平台。

我之所以将广播囊括进来，是因为广播是我父母最常用的媒介。对他们而言，通过广播，用"听"的方式获知当下发生的事情，是一种实用而又简单的方法。广播里，中文主播会告诉他们当下发生的事，会给他们播放上世纪七八十年代最好听的音乐，也会引导他们思考和参与。这些音频节目还可以上传至网络，这样他们就可以随时下载收听。我的父母很喜欢听辩论节目，节目里持不同立场和观点的专家就当下各种社会问题展开辩论。而我的梦想，就是让他们听到他们想听的节目。

如果说有什么是生活教会我的，那一定是要学着了解我父母的需要和"口味"。因为他们的口味，正代表了阿根廷及拉美地区所有华人的口味。每一位移民都是出于某些原因被迫离开自己的家乡，来到现在生活的地方。他们与生活抗争，为家人拼搏，创造更美好的未来。他们的一切都是辛勤努力换来的。他们每个人都是如此。

这就是我的梦想。这就是我的中国梦。

就在此刻，当我畅谈梦想时，我的妻子伊尔玛正坐在我身边照看孩子：蒂西亚娜现在9岁，巴伦迪诺4岁，比安卡刚刚1岁。我一边微笑地看着他们，一边对他们讲：2008年8月8日下午1点58分。我面对着的，是曾在梦里见到过的一大人生挑战。这一刻我停住了。我面前摆着三台摄像机，周围有24名记者，还有无数制片人和技术人员。这里是阿根廷公共电视台第四制作室，一切都准备就绪。少顷，导演从控制室里对我说："卡洛斯，注意了，60秒后开始直播。"

就在这60秒里，我回顾了一生。我明白，牺牲和坚持会让一切皆

林文正的小家庭合影

有可能。人生就是播种、收获、再播种的过程。

一旦你懂得等待，时间将为你打开许多扇大门。

当李宁点燃北京奥运会圣火的瞬间，中国便向全世界告知：东方巨人已经醒来。

这位东方巨人的名字写在 20 国集团里。

这正是我写下这些故事的原因。

故事还在继续，倒数，三，二，一……

开播！

在中国，我有一个阿根廷梦

王立朝（北京潘帕斯餐饮管理有限公司董事长）

2018 年初夏，我的故乡——北京市大兴区魏善庄镇，月季依然盛放；而此时，我熟悉的布宜诺斯艾利斯已经进入初冬。大概在巴斯德街上，操着首都口音的阿根廷朋友们走路时都会下意识地紧紧风衣的扣子。

接近 20 年后，我依然可以回忆起一个北京年轻人突然走进阿根廷这个遥远国度时的奇妙感觉与茫然心境。这个遥远的国家曾经张开襟怀接纳了年轻的我，也成为之后我大半时间里的情感寄托和事业追求。

1994：我，布宜诺斯艾利斯

20 世纪 90 年代，我曾供职于某外贸企业。因为时常接触到一些外贸信息，我就产生了"世界很大，我想去看看"的冲动。尽管当时出国手续繁琐，但对于 22 岁的我而言，出去闯一闯的决心始终占据着脑海。经过一番努力，我终于拿到了护照，前往布宜诺斯艾利斯与已经在那里经商的哥哥会合。

于我而言，这是第一次出国。而事后，我也经常和朋友们调侃，第一次踏出国门，就到了地球上距离中国最远的一端。事实上，前往潘帕斯草原，某种程度上是命运的抉择：由于经营问题，远在布宜诺斯艾利斯的一家华侨店主无法支付我们货物尾款，最终将店铺转手给了我们这对北京的兄弟抵偿债务。而为了继续将店铺经营下去，我们兄弟两人才跨越万里，来到了这个完全陌生的南美国家。

这是一场漫长且略显慌张的旅程。按照当时国内的习惯，我准备了牙膏、毛巾、牙刷（到了阿根廷之后，才发现完全是多此一举。90 年代初国内也只有中华、两面针等国产品牌，而阿根廷的超市里可以轻易买到最新包装的宝洁、高露洁和舒肤佳），拎着鼓鼓的行囊踏上征程。

当时的情况和今天不同，作为个体经营者的我们在北京找不到面向社会的西班牙语培训机构。当我登上飞机时，几乎连一个西班牙语单词都不认得，所凭借的只有一腔热血和满腹好奇。经过日本、美国、巴西，又险些闹出把乌拉圭当作阿根廷提前出关的乌龙之后，我终于第一次踏上了阿根廷的土地。

如果说我的到达是懵懂的，那么这个城市和国家很快用自己的友善和现代化让我睁开双眼并爱上了这里。我喜欢这里干净的道路和色彩斑斓的公交车。当时，布宜诺斯艾利斯的主干道"七月九日大道"（拥有双向十八车道，时至今日依然是全世界最宽阔的城市道路）还没有画出专门的公交车道，各色车辆在眼前自由地奔驰而过；公交车则全部都是色彩鲜艳的奔驰大巴，而且标识极其明显，远远地就可以区分出是不是自己将要乘坐的那路。

而更让我动容的，则是这座城市的友善。不同于印象里的西方国家，阿根廷公共交通工具上让座的习惯非常普遍。我经常看到，两个卿卿我我的小情侣上车坐下，无论交谈得多么火热，只要有一位老人上车，小伙子马上就会起身让座。这个场景对我的冲击非常大，另一方面也刺激了我的民族自尊心，希望自己能够做得更好，不给中国人丢脸。刚到阿根廷时，由于对当地语言、制度和文化都不甚了解，年轻的我养成了一个习惯：在任何公共交通工具上都不坐座位，把位置让给更有需要的人。

布宜诺斯艾利斯就是这样一个城市，阿根廷就是这样一个国家。到达南美的时候我已经 22 岁，已经是一个有工作经验的成熟青年。但这片土地，依然在我的思想和行为中烙下了深刻的印记。

2018 年 5 月 18 日，王立朝（左 6）和前来参加首届北京潘帕斯国际啤酒文化节的嘉宾在签名处合影留念。

巴斯德街 280 号的中国人

我们的商店位于被当地人称作"批发街"的巴斯德街 280 号，是一家以进出口贸易为主业务的中国工艺品批发店。我们经营的商品主要是景泰蓝和唐三彩等。在我的记忆里，我们应该是布市第一家经营景泰蓝的店铺，引入唐三彩也尚属首例。非常有趣的是，我们的第一批唐三彩货物抵达阿根廷的时候已经坏掉了一半，本来会大大影响生意进账。但是有修补手艺的阿根廷人上门，以较低的价格将稍微有点破损的唐三彩购走并自行做了修补，既享受了实惠，也为我大大止损。后来因为生意越来越好，我们又引进了中国刺绣，尤其是绣有中国图案的面包垫，在阿根廷人中间炙手可热。

在潘帕斯国际啤酒文化节开幕式上，王立朝
（右）和阿根廷驻华使馆文化公使共同展示
布宜诺斯艾利斯彩绘协会赠送的彩绘作品。

当时，中阿文化交流还不像今天这么发达，中国的手工艺品对于普通阿根廷民众还比较新鲜，也正是如此，才潜藏着巨大的商机。在国内成本1元人民币的货物，到了布市则可以卖到1美元（当时人民币兑换美元的汇率大约是1:8）。生意红火，工作也就变得越来越忙碌。每天10点开店，之后就要忙上整整一天。虽然是生意，但是阿根廷朋友对于这些美轮美奂的艺术品依然表现出了巨大的好奇心：这么精美、纤细的陶瓷制品，究竟是如何烧制成的呢？在解答他们的问题时，不仅我的民族自尊心得到了满足，也逐渐了解了当地人的品位。例如唐三彩的马和狗，对于当时的国人而言区别不大，但对于家家养狗的布市人而言，自然就不如摆上一匹马更加吸引人。了解到了这些，就可以有针对性地准备当地人喜爱的商品。

在一周的辛劳之余，我也常常到街上走走。和中国的习惯不同，布市有很多绿地，每到双休日，除了驱车去郊区踏青，很多家庭都会在绿地上坐卧闲谈，让年幼的宝宝在身边窸窸窣窣地追赶自己的小皮球。现在回忆起来，这些宝宝中也许就有如今叱咤风云的足球明星，也许我是他们足球启蒙的见证者。身在异乡，虽然不是孑然一身，但是阿根廷人的快乐和闲适，也成为我生活中不小的慰藉。

在布市生活，自然免不了与阿根廷人相处交流。当时在阿根廷的华侨华人数量还不多，普通阿根廷人对中国和中国人了解都比较有限。当地人看到我，在好奇之余也会友善地向我问好，咨询长城到底有多长，中国美食都有哪些，时常让我忍俊不禁。商店雇用了一位年轻的阿根廷女孩做店员，她虽然说话耿直，但与我们相处得都非常愉快。她非常喜欢中国的烹饪，每餐她都和我们一起吃中餐；而每次到货卸货，我们也会雇佣当地的短工进行搬运。阿根廷人给我留下的印象就是遵守承诺、不惜劳力。我们的工资是按照小时计算的，但我从没有见到这些小伙子们拖延时间，每次搬运工作都是高效完成，从不食言。这些人的面孔，有些已经模糊了，有些依然清晰，成为我记忆里最鲜活的一部分。

而当年的一场意外，也让我一直铭记了 24 年。我在布市有一位北京同乡，时常来和我们兄弟聚会。一次他刚刚从我家离开，我就听到窗下"砰"的一声，一辆行驶中的汽车撞上了他，他被撞出很远，跌在地上。世界上最危险的事情，大概就是他乡遇险了。我急急忙忙地跑下楼去。两分钟之后我在现场看到的，是二三十位从旁边路过的阿根廷人自发地将他保护了起来；有人自觉疏散车辆，避免对他造成二次伤害。我赶紧冲过去给他拿毛巾止血，好在伤到前额尚不致命。这时又有陌生人走过来，递给我一包东西——是一些路人刚刚帮忙收起的这位同乡的全部私人物品。我当时非常慌乱，又是身边的阿根廷人帮忙报了警、叫了救护车，肇事司机主动表明身份、承担相应的责任……大概在今天看来，这是一个文明社会应该保有的底线，可对于 22 岁的我、对于那位老哥，则是这场飞来横祸里的珍贵的人性光芒。

这样的生活度过了不到两年时间，在北京的父亲抱恙，我只能选择回到家乡照顾老人，重新规划自己的职业生涯。于是，在 1995 年南半球的夏天，布宜诺斯艾利斯巴斯德街少了一个黄皮肤的年轻人。

北京城里的潘帕斯，我的阿根廷梦

虽然回到了中国，但我与阿根廷的联系在 20 年间并没有丝毫减弱。无论是我的这份情结，抑或是中阿关系的发展，都在这段时间里不断开花、结果。

自 2004 年两国元首实现互访开始，中阿两国领导人往来不断：2014 年 7 月，习近平主席对阿根廷进行国事访问，中阿宣布建立全面战略伙伴关系；2017 年 5 月，马克里总统来华出席"一带一路"国际合作高峰论坛并进行国事访问；2018 年 5 月，习近平主席同马克里总统互致信函，王毅国务委员兼外长赴阿根廷出席二十国集团外长会并正式访问阿根廷……进入新世纪的这十几年，成为中阿政治、经济、文化交流的黄金时代。

而我的小故事，也是在这个大故事的背景下发生的。回国之后，我曾在房地产行业摸爬滚打数年。2000 年前后，我与合伙人一起在北京东北部着手建设第一个阿根廷风格的庄园。由于我的商业团队与阿根廷联系紧密，我们希望能够在北京建成一片还原我们青年时代记忆中的阿根廷土地。在某种程度上，我们很好地实现了最初的设计，拉动了周边商业圈的有序发展，也得到了多个阿根廷驻华机构的肯定。

然而，这与我个人的理想依然有些距离。我希望建立的不仅仅是一个拥有阿根廷风格的庄园，更是一个能够成为阿根廷人在北京的精神家

中国阿根廷探戈协会会长许暄宜（右）向王立朝授予
2019 年世界探戈大赛亚洲锦标赛承办授权书。

园，一个能够在北京、在中国传播与分享阿根廷文化的交流机构。年过
四旬的我，最终回到了我最初踏上旅程的出发点——我的家乡，京南魏
善庄镇，去实现自己青年时的梦想。

　　经过两年的建设，一个阿根廷风格更加浓郁的庄园在大兴月季园里
拔地而起，我将它命名为"潘帕斯"，因为它代表着我最简单的一个阿
根廷梦想：把潘帕斯大草原带回北京，让没有时间、没有条件到南美旅
行的北京人感受到和我 22 岁时同样的震撼和感动。我是一个商人，不
擅长描摹和赞颂，我能够做的就是把阿根廷的足球、歌舞、红酒、奶酪
全部带来北京，让家乡人看到、听到、尝到、感受到阿根廷，慢慢接近、
了解、喜爱这个国家。

为了更好地还原阿根廷味道，2016 年 4 月我从阿根廷聘请了一位本土厨师来京，烹饪的同时培训中方厨师。我现在还能回忆起他踏入首都机场 T3 航站楼时、他第一次吃到全聚德烤鸭时脸上不自觉地流露出的震撼和欣喜。这种来自文化的美妙冲击，和年轻的我在布宜诺斯艾利斯感受到的别无二致。一片热土、一点善意、一道佳肴，不仅让我心心念念二十个春秋，也能成为阿根廷朋友的中国情愫。

又经过两年的努力，2018 年 5 月 18 日，在大兴区和魏善庄镇领导的支持下，庄园的第一场正式活动——北京潘帕斯国际啤酒文化节正式举行。阿根廷驻华使馆文化公使胡安·曼努埃尔·科尔特列蒂出席开幕式并发表讲话，拉美多国外交官出席活动，近千名来自中国和阿根廷、巴西、智利、乌拉圭、厄瓜多尔、玻利维亚等国的嘉宾和游客前往参加。因公务原因不能出席开幕式的阿根廷驻华大使盖铁戈还发来祝贺视频，他表示，文化交往是维系中国和阿根廷人民了解与互信的重要纽带，本次活动向中国民众介绍阿根廷特色的饮食文化和舞台艺术，希望通过活动的举办进一步促进中阿友好交往。

我的想法也正是如此。我的阿根廷梦中最大的一部分，是在未来几年中建成阿根廷文化的专业研究机构，为阿根廷绘画研究、探戈研究、红酒研究等所有活动提供场地的便利，成为阿根廷文化在北京的一块自由的保留地。

而我的阿根廷梦，也有着最小的一部分：曾经有位在大兴区一所中学工作的阿根廷足球教练来到我这儿，简简单单吃了一块牛排、一根香肠，可每位服务员都难以忘记他脸上洋溢的幸福和乡情。24 年前，阿根廷人给了我一段温暖的回忆；如今我想做的，也就不过如此而已。

仟雨集——中国第一家西语美洲图书书店

吉列尔莫·布拉沃（阿根廷仟雨出版社社长，北京仟雨文化发展有限公司负责人）

中国之于我，首先是一种幻象：一个只存在于脑海中的地方。小时候，我以为中国是一个住满巨龙的虚幻世界，同时也是我那已经在许多年前的某个午后去世了的爷爷居住的地方。

人们发现躺在地上的爷爷时，已经是黄昏时分了。我没有亲眼见到爷爷的那副样子，不过从那时起他在我脑海中的形象就定格了：穿着那件皱巴巴的天蓝色衬衫和那双棕色鞋子的爷爷用尽全身最后一丝气力，在与死神搏斗。

那就是人死之后会出现的情况。亡者并不会飞上天堂，也不会轮回新生，而是会钻到熟悉他们的人的脑子里去。

中国也是只存在于我脑海中（一个有点古灵精怪，又有点傻里傻气的小孩子的脑海中）的一个地方。小时候的我从来就没想过，时光荏苒，我会像丢掉某件不合身的衣服一样逐渐失去童年，而遥远的中国却会变得像我幼时生活的房子一样真实。

我那时也绝不曾想到中国会走上这样一条快速发展的道路，并成为世界舞台的焦点：她通过这样的方式让无数由于地理距离的原因而感到中国遥不可及的人发现这个国家其实无比真实，当然我本人也包括在内。

许多年过去，爷爷如今已经在萧瑟的墓地中的一个旧匣里化作了尘埃，而我也移居到了另一座曾经同样只是幻境的城市——巴黎，就是众所周知的那座五光十色的文学之城。我在那儿过得很惬意，但却总觉得缺了点什么。

我想到中国去，因为在法国，我总感觉自己的人生不够完整。我觉得自己是在找寻某种不一样的气息，而巴黎的文化圈子却总给我一种似曾相识的感觉，诸如此类吧。于是，我开始攒钱，然后在 2008 年来到中国待了三个月的时间。那段时间我学了中文，同时写作、旅行。

那段经历实在是太棒了：我认识了许多后来成为我的挚友的人，他们如今已经成了我生命中不可缺少的一部分。

回到巴黎后，我结识了一支由中国人组成的乐队——如今我已经和他们没有联系了。那支乐队的名字叫"王"，因为他们总是去一家同名的餐馆（王氏餐馆）吃饭。我在那时开始动笔写一本书，讲的就是他们的故事。他们唱翻译成中文的法国歌曲，演出时不光用欧洲乐器演奏，还会使用中国的民族乐器，甚至还敲打那些从街上找来的稀奇古怪的玩意儿。我准备给那本书起名叫"中国人"。不过在 2011 年左右，他们搬到蒙彼利埃去了，因为有个乐队成员——准确地说是那位成员的老婆在那里继承了一栋大房子。从那时起，我就没怎么和他们见面了，而我截至那时一直在比较系统地写着的那本书，也就没法再继续写下去了。

在那之前，我是这样创作那本书的：我每天下午 7 点钟都会到他们排练的地方去，把所有我看到的和听到的东西记录下来。

例如下面这组我随意记下的场景：

丹尼尔（当然是他来到巴黎后取的名字）吃了点披萨。/ 他边咬着披萨，边用中文唱着《丁香站的检票员》，曲风是混杂着中式和法式风格的蓝调。某个人在旁边的房间里咳嗽。

米歇尔在画画。/ 丹尼尔直接把披萨放在了桌子上（"王"乐队的人从来不用任何餐具！），然后开始用中文大声唱着我认为是他自创版

吉列尔莫·布拉沃在
北京仟雨集书店。

本的《丁香站的检票员》。/ 米歇尔抬起了头。/ 米歇尔说："除了青春热血，还得有点节奏感。"

好了，这就是我在一个小时里记录下的东西，而那样的工作持续了将近一年的时间。他们让我对中国更加了解了。

我在那时对自己说，一定要在那个国家生活久一点。我也不清楚到底多长时间才算得上"久"，更不知道自己何时才能将之变为现实。大概在 2011 年左右，我和"王"乐队一起来到上海，他们在一位乐队成员的亲戚开的酒吧里进行表演，结果惨不忍睹。乐队成员都化妆成了巨大的泰迪熊，还在开场那似乎没有尽头的 15 分钟里不停地互相亲吻，可观众压根对这种表演不买账。那场演出叫"海市蜃楼"，在演出结尾部分，乐队分发了一些小册子，里面对演出的创意作了解释。不过，问题是压根没有几个观众撑到了最后。

实验艺术的表演结束了，那段时期也结束了。对我而言，"王"乐队在中国和法国的文化交流中是极有代表性的。不过随着时间的流逝，我对他们的欣赏也逐渐消失了。

2012 年，我接到了一封让我高兴得从椅子上跳了起来的邮件：北京的首都师范大学向我发出了担任外籍教师的邀请。虽然当时我很开心，不过还是有些犹豫：我在巴黎生活得很好，要放弃在巴黎的一切并非易事，何况那并非短期的离开。

来北京时，我对自己和女友都保证说只在这里待一个学期。此刻回想起来，我认为我当时知道自己是在撒谎。我撒谎只是为了能促成那趟中国之行。如果当时我就打定主意要在中国待很多年的话，可能我连踏上飞机的勇气都不会有了。

我很无耻地撒了谎，更糟的是，我甚至没有勇气承认自己撒了谎（连在心里承认都不敢）。我早就知道事情最后会变成这个样子：我不会再回到巴黎了，永远不会。我当时就知道！

不过也可能恰恰相反——我当时并不知道。我可能压根就没想过这些。我哪里会知道呢？谁又能预测未来呢？没人能未卜先知。不过……

最初的日子里，或者说最初的几年中，我很想念巴黎。我想念那里的熟人们，但更想念那座城市——她就像是在我的体内生了根。不过，那根后来也逐渐枯萎，消散了。

在首师大的授课很顺利。没什么比谈论文学更让我开心的事了，尤其是谈论西班牙和拉丁美洲文学。随着我对西班牙哲学家古斯塔沃·布埃诺的喜爱程度日益加深，谈论文学带给我的快乐也在不断增加。

不过，我后来慢慢发现自己更喜欢倾听同学们阐述自己的观点。我带着精心准备过的材料来讲解高乔文学、现代主义、魔幻现实主义、博尔赫斯、科塔萨尔和其他主题。不过，中国的读者对我们的文学所作出的解读是全新的，是我们绝对不应该错过的。

有一次，我们在课堂上读了《公园续幕》。在那篇科塔萨尔著名的短篇小说中，故事的男女主人公先是欺骗了正在阅读小说的读者，用流行的话说就是他们给他戴了"绿帽子"，然后又杀死了他。

我和同学们开始聊这则短篇，我很快发现在我的学生们的想象中，故事中的人物都是中国人，故事发生的环境也是中国式的。这让我对《公园续幕》甚至对整个阿根廷文学都有了全新的阅读体验。

我发现，我们阿根廷人在阅读本国文学的时候，总是会觉得阿根廷文学是世界上最重要的文学，也因此会生出一种盲目的崇拜之情。在中国阅读阿根廷文学则使我和本国文学间拉开了距离，这反而使我有了某种狂野的自由。

例如，对于文明与野蛮这个话题，在某个时刻我发现自己有点太较真了，其实完全不必如此。而对高乔文学，我对它的爱深入骨髓，我认为那是在我们土地上谱出的最美妙的乐曲，然而在中国，我甚至在高乔文学中也读出了全新的东西。

博尔赫斯说德国人有读歌德的义务，英国人则必须读莎士比亚，而我终于找到了那种博尔赫斯认为阿根廷读者该有的自由。我们没有那么久远的文学传统，不过这也就意味着我们可以自由阅读所有作家的作品。我是在中国想通这一点的，而这也要感谢我的中国学生们，他们把阿根廷文学放到了世界文学的广阔框架内，用全新的视野阅读高乔文学和科塔萨尔的作品，事实证明他们是正确的。

拉开距离重新审视阿根廷文学的经验在后来又拓展到了其他领域，我认为它帮助我对许多我曾认为是自然而然的事情进行了反思。我发现自己竟然从来没有怀疑过某些东西，我一直觉得事情就该是那样的：要么好，要么坏。我从没对此产生过质疑，也从来没有再多问一句为什么。

正是上述种种使得我下定决心留在中国。我一直在反思，试图更好地去理解一切，理解我们国家的文化，理解中国。当然了，结果是我并不理解，或者说理解得不多。

某日午后，我在学校里看到了一张巨大的海报。没错，读到这儿您肯定能猜到那幅海报的内容了："王"乐队要在北京演出了。我给他们写了封邮件，抱怨他们没有通知我，但是他们没回邮件。

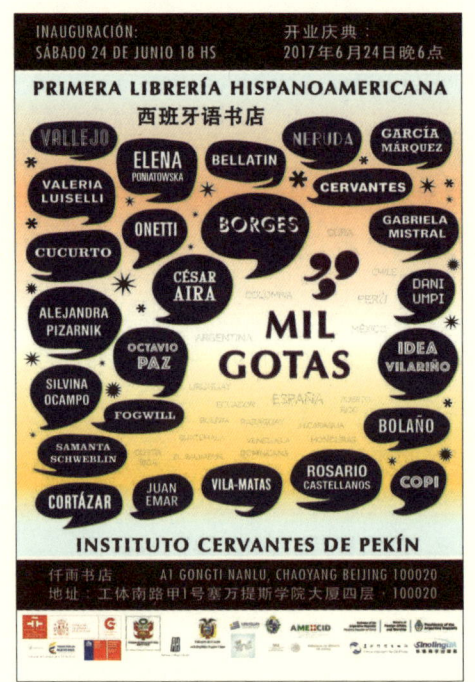

北京仟雨集书店开业庆典海报

没关系，我还是会去给他们捧场的。不过，他们那天晚上的演出着实让人摸不着头脑。最开始，乐队中的四个成员在舞台上打牌，后来开始一件一件地脱衣服，在某个时刻，其中一位成员突然抽出吉他，演奏起了鲍里斯·维昂的歌曲。此时几个警察走上了舞台，不难想象这也是表演的一部分，那场表演最后在混乱的群殴中结束了。

我不想和他们打招呼：我还是有些生气，因为他们明明知道我在北京工作，却没有通知我来看他们的演出。也就是在同一天晚上，我决定放弃继续写那本描写他们的小说了，尽管那是本关于中国的书，是本关于我和中国之间联系的书。我本来想在那本书里讲述几个第二代中国移民在巴黎郊外某个穷人区表演奇怪艺术的故事。

也正是在那时，我知道自己永远都不会回巴黎了（尽管可能我说过

2018 年 7 月 12 日，上海仟雨集书店在上海塞万提斯图
书馆开张，图为吉列尔莫·布拉沃在揭幕仪式上。

自己很早之前就知道这件事了）。我想起了自己在巴黎时着手创办小型
出版社的经历，我觉得这事可以继续在中国做下去。我想象着中国读者
手捧由我们出版社出版的图书的场景——这想法让我既开心又激动。我
向两位朋友发出了邀请，然后我们就一起开始行动了。

我们很快就开始碰头开会，紧接着我们发现，自己并不单纯满足于
像传统出版社那样出几本书。我们想做沟通中国和西班牙语国家的桥梁，
这是我们的重要使命。两种文明对彼此显然都怀有巨大的兴趣，我指的
是中国文明和西班牙语世界的文明。不过，二者之间的距离也确实十分
遥远。中国出版者想要接近西班牙语世界，想要推动西语作家的图书在
中国销售，却苦于缺乏媒介。而拉美作家也梦想着自己的作品能有中文

译本，然而很多时候那最多只能算是个虚无缥缈的梦罢了。身处两种文明之间的恰恰就是我们，我们就是那座桥梁。

于是，我们做起了中间人，帮助中国出版人和西班牙语国家的出版社取得联系。

我要开一家书店的想法早已有之，此时愈发强烈了。图书馆是博尔赫斯的天堂，但我不想要图书馆，我只想开一家书店。我不知道是不是资本主义渗入其中之后，图书馆就变成了书店的样子。

我是在爷爷的五金店里长大的，我在那片欢乐的天地中度过了童年时光。每天一大早，卡车刚上路，店铺就开门了，爷爷手下的雇员也就来了，他们的脸上总是挂着微笑，他们那无尽的活力使我也受到了感染。

我不清楚自己为什么只对店里发生的事情记忆犹新：我难道不需要上学吗？不过记忆就是这样，真假莫辨。我对几个夏天发生的事记得很清楚，大概我把那些记忆拓展到整个童年阶段去了。此外，不可能所有的记忆都是美好的，只有美好记忆的现实是不真实的（不过记忆和现实本来就没有太大联系，它和愿望及恐惧之间的联系要更多）。

我还得聊聊父母营造出的知识氛围。他们都是心理学家，整天讨论一些奇特而有趣的东西，例如弗洛伊德的精神分析理论之类的玩意。我记得他们讨论过"肛门期"、"镜像理论"和"好乳房—坏乳房理论"。我自然对那些一窍不通。直到今天，我依然觉得那些讨论没有什么科学价值，但其中却隐藏着许多文学层面的东西。后来，父亲也确实放弃了心理学，投入文学世界中去了。

我通常会在上午离开五金店到父亲家里去（那已经是许多年前的事了，如今我的父母已经离异——他们的婚姻也像爷爷的遗骨一般灰飞烟灭了），他总是会跟我谈论某本书。他特别推崇塞万提斯，总喜欢用堂吉诃德的口吻跟我说话："吾牙甚痛"，"真是上天照应，此书妙极了"，

上海仟雨集书店一角

"请来一份鸽肉"。

可能开一家书店的想法之中也恰恰混杂着我成长过程中生活过的那两个世界的影子：爷爷的五金店和爸爸的图书世界。

在中国生活的最初几个月里，我饱尝难觅西班牙语图书之苦，于是只好求助出版界的朋友，让他们把书寄到我的住处。后来我开始在网上卖书，我们发现中国读者其实对西班牙语原版书很感兴趣，于是我们就开始寻找店面。

北京塞万提斯学院的负责人给我们在学院总部提供了一片区域，那不正是这家书店最该出现的地方吗？这件事使我们深受鼓舞。书店的销售量越来越大。有了实体书店后，我们在网上的销售额也增加了。

我们给书店起名叫"仟雨集"，这个名字的灵感来自塞萨尔·艾拉的一本书。一方面，这个名字可以让我们的书店和这位天才且自由的作家产生某种联系，另一方面，它也能体现出西班牙语的多样性。有意思的是，我的一位和中国同样有千丝万缕联系的朋友在巴黎开了一家专卖西语美洲图书的书店，他给书店起名叫"佰火集"。我们是特意给两家书店起了这样一组名字的：仟雨 / 佰火。我想我们两个都认为，西语国家之间的文化虽然千差万别，可组成它们根基的元素都是一样的，那元素如此强劲，似水又如火。

我还要多说几句。我的那位朋友还给自己的书店加了一句描述："巴黎最后一家西语美洲图书书店"，而我们也给仟雨集加了这样的描述："中国第一家西语美洲图书书店"。

我觉得这两句话意义非凡。在中国，西语美洲文化正在觉醒，仿佛一切都是开天辟地头一遭。不过，当然了，实际上已经有好几代西班牙语语言文学学者为此开辟了道路，西语文化的影响力也与日俱增了。可是在欧洲，我们的脚步已经逐渐停滞了下来，从带点诗意的角度看，我们在欧洲迈出的每一步都像是最后一步。

仟雨集慢慢成为西班牙语美洲文化爱好者们相约聚会的地方。如今，我们有了一家出版社，同时做着文学代理。我们还想在造型艺术和视听媒体等领域做点探索。

在一个拥有数千年悠久历史的古国感受着青春活力，是一种挺奇怪的感觉。这里的一切都是既新鲜又活力四射的，当然，我们同时也能感受到古老的中国文化所承载的厚重感。

新鲜的事物在古老的文明中闪烁着光芒，随着中华文化的汹涌波涛而起伏。我们带着对自己国家的不满足以及强烈的好奇心来到了中国，从此就像拥有了某种特权，得以融入虚构文学的世界之中，又或者进入了冒险电影的天地里。

从梅西到麦家
——一位中国年轻出版人的阿根廷情缘

姜　珊（五洲传播出版社国际合作部主任）

2005年，史蒂夫·乔布斯在斯坦福大学毕业典礼上作了可能是他此生最为著名的演讲，第一个故事，叫做Connecting the Dots（把所有相关信息联系起来），他说，你在向前展望的时候不可能将这些片断串连起来；你只能在回顾的时候将点点滴滴串连起来。今天，当我坐在电脑前，回忆起我和阿根廷这个遥远国度之间的故事时，不得不慨叹命运的奇妙，许多过往生活的片段，都在下被串联起来。在我误打误撞进入出版行业时，我只是不想荒废自己的西班牙语专业，同时想做一份有意思的、有文化的工作。我当初一定没有想到，我会认识来自几十个国家的朋友们，大家互相成为彼此生命的"点点滴滴"并且不停地被因缘际会串联起来。

这一切是如何开始的呢？

2013年8月底，一年一度的北京国际图书博览会（BIBF）如期举行，阿根廷大使馆第一次设立了国家展台，BIBF组委会组织了中国—阿根廷"10+10"版权贸易座谈会，我被主办方邀请作一个报告，向对中国出版市场两眼一抹黑的阿根廷出版商们介绍中国出版业的情况。最初我压力还挺大，觉得任务太艰巨。拿到议程之后一看，排在我前面的是出版界两位大拿，我顿觉压力全无——天塌下来有老师们顶着呢，他们都是新中国出版业活化石般的人物，随便说点什么都好使。我就过去介绍介绍版权输出情况，王婆卖瓜自卖自夸一下，再和到场的阿根廷帅哥们卖卖萌，秀秀西班牙语（看，你们阿根廷出版社找不到懂中文的吧？我们中国出版社可是有不少会西班牙语的哦），这任务就完成了。直到 BIBF 开幕前，接到通知说那两位大拿都临时有事儿去不了了……嗯，我 Sofia 要为中国出版界代言！

我连夜去找了 2012 年国家新闻出版总署的年报，搜集了数据，丰富了一下自己的 PPT，又准备了几个问题，提前用西班牙语演练了一遍，就奔赴这"10+10"了。不得不说，在这样的场合抛头露脸还是会有回报的。一个小时的时间内，我认识了五六位学习西语出身、而后投身出版的同仁。此前散落三地（北京、上海、南京）的大家都为找到组织而热泪盈眶，迅速组建了一个 QQ 群，并开始借着各种活动见面撮饭。

当天来到 BIBF 的十多家阿根廷出版社里，大陆出版社的老板豪尔赫最为活跃。他个头不高，头发花白，热情洋溢。他的太太弗朗西斯也同来北京。她是一位探戈舞蹈家和心理咨询师，头发乌黑浓密，虽然已年过半百，眼神却如孩童般天真。这些阿根廷出版商来参加北京书展，大多都是冲着卖版权而来。当然这也可以理解，人家不远万里而来，肯定是为了提升销售，而不是揣着钞票来采购。尽管豪尔赫夫妇与我一见如故，相谈甚欢，但是由于双方都是试图销售，没有购买版权的意向，所以并没有能达成什么协议。当天还有一个有意思的小插曲：我在阿根廷展台上偶遇大学校友、北师大出版社编辑王则灵，他看上了大陆出版社的两本探戈著作，刚好中国研究探戈第一人"海鸥"欧占明当时也在场，万事俱备，几方迅速而愉悦地达成了协议，我也算在某种程度上见证了豪尔赫与中国出版业的合作。

这一年年底的墨西哥瓜达拉哈拉书展上，我和豪尔赫再次碰面了。

2013 年北京国际图书博览会期间，姜珊（左 1）认识了大陆出版社社长豪尔赫（右 1）和他的代理、西班牙姑娘孟兰菲（左 2）。

他送给我一本他们出版社当年最畅销的作品《Messi, por amor a la camiseta, el nuevo dios》，直译成中文就是"梅西，由于爱着这战袍，新 10 号之神"。作者胡安·卡洛斯·帕斯曼是阿根廷知名足球记者，曾和马拉多纳公开对骂，是名副其实的争议人物。短短半年时间，该书已加印两次，算得上是畅销书了。随手翻看，我觉得作者爱憎分明，语言极富个人色彩，读来颇有快意恩仇之感。这时，我突然想起，人民日报出版社编辑室主任林薇老师曾表示希望借 2014 年世界杯之际出版一本关于梅西的书。彼时中国市场能买到的梅西的书大多是拼凑的画册，没有什么实质内容，且装帧都比较粗糙，实在是不忍卒读。于是，我把这本书带回了北京，简单地翻译了前言和作者简介后交到林老师手里。林老师迅速决定要拿下这本书的版权，赶在来年世界杯前推出。我大喜过望，赶紧和豪尔赫以及他的代理、西班牙大妞罗西奥（Rocio，中文名孟兰菲）联系。经过几轮并不复杂的磋商，人民日报出版社和大陆出版社就达成了一致意见，同时，我们也启动了阿根廷政府支持外国出版社译介本国作品的翻译资助项目——"南方计划"的申请工作。

令我没有想到的是，林老师提出希望我做这本书的翻译。这可让我很是纠结了一阵。当时已经是2013年底了，要在2014年世界杯前见书，留给翻译的时间不到四个月，而我预估这本书翻译成中文大概有15万字左右，我的全职工作非常忙碌，晚上和周末都常常要加班，仅凭我自己的力量显然是不可能完成的。但我实在是很喜欢这本书的感觉，这不是一本四平八稳的梅西传记，而是一部评传，作者在其中嬉笑怒骂自成一派，十分的不客观、不理智，可是，谁规定了一本讲述球星故事的书就一定要正派、正确、不带感情色彩呢？最终，我找来了资深球迷、当时在母校西班牙语系任教的谢文侃和我共同承担翻译工作。然后，就开始了疯狂的翻译时间。每个工作日我都规定自己必须要翻译十页，周末则一干就是整整一天。整个春节假期我都抱着笔记本电脑，在没有暖气的安徽老家，每隔半个小时搓搓手、哈口气或者捧着茶杯捂个暖，再继续敲字。

当我们阅读一本译著的时候，常常会挑剔译者翻译的生硬，或者指责译者没有很好保留原作的风格。但只有当自己真地在翻译的时候，才能体会到译者究竟有多难。"戴着镣铐跳舞"实在所言非虚。在翻译这本书的过程中，我常常感觉到，并不是我不能理解这一句西班牙文的内容，而是我找不到合适的汉语词组，或者不知道该如何将这个长句用符合汉语习惯的语句表达出来。我和谢文侃之间也多次为同一个词该如何在全书中统一表达而发生争执，谢文侃常常认为我过于追求汉语的流畅而牺牲了原文的表达，而我又指责他太过拘泥于西班牙文本身，完全忽视了汉语行文的习惯。全文翻译完后，我们互相审校了两遍，又请我曾

《梅西！梅西！》封面

《梅西！梅西！》作为阿根廷"南方计划"优秀作品在瓜达拉哈拉国际书展上展出。

任电视台总编的父亲通读润色过，才最终交稿。

这本书的中文书名最终定为《梅西！梅西！》，在世界杯前如期出版，并且成为那届世界杯前唯一国内出版的关于梅西的书，一度登上体育类畅销书排行榜前几名。三年后的墨西哥瓜达拉哈拉书展，我又一次见到《梅西！梅西！》，它出现在阿根廷展台上，作为"南方计划"的优秀成果展出。

如果说把阿根廷的作品译介到中国是机缘巧合，那把中国的作品展示给包括阿根廷在内的全世界就是我的工作和使命了。我所供职的五洲传播出版社致力于用多种语言文字出版介绍中国的图书，我常常笑称我们是中国最奇葩的出版社：工作语言是外文，目标读者是外国人，主要活动开展在国外，在海外的名气比在中国大得多。自从我 2012 年入职以来，我最重要的工作之一，就是促进中国与拉美的文学与文化交流。

提到中国和拉美的文学与文化交流，有一个很有意思的现象：我们总认为拉丁美洲文学对中国影响极大，我们对拉美文学了如指掌、如数家珍，而拉美的文学圈对中国现当代文学几乎一无所知。事实是否如此呢？我曾多次陪同中国作家前往拉美举办讲座、新书发布等文化交流活动，在和拉美当地的作家、评论家、文学爱好者交流的过程中，我发现"拉美的文学圈对中国现当代文学几乎一无所知"这句判断基本没错。拉美文学界对中国文学的了解，在唐诗、《西游记》之外，便是鲁迅，最多再加上林语堂。即便在莫言 2012 年获得诺贝尔文学奖之后，仍有相当多的人不知道莫言是谁，也没有阅读过他的作品，尽管他的多部作品早在几年前都已出版了西班牙文版。但"我们对拉美文学了如指掌、如数家珍"这句话是否属实呢？我们的作家为了活跃现场气氛，往往会列举对自己创作过程产生了重大影响的拉美作家，如聂鲁达、马尔克斯、胡安·鲁尔福、博尔赫斯等，但拉美的朋友会委婉地表示，在聂鲁达、马尔克斯、胡安·鲁尔福、博尔赫斯之后，在"魔幻现实主义"之后，拉美文学有了许多新的发展和突破，但中国文学界似乎对此并不了解。言下之意，我们只知道鲁迅、林语堂，你们也只知道马尔克斯、聂鲁达呀——别叫屈啦，我们扯平了。

毫无疑问，博尔赫斯是中国人最为熟知的阿根廷作家，没有之一。曾有阿根廷同行困惑地发问，在阿根廷国内，博尔赫斯和科塔萨尔是文坛双星，私交甚好的两人常常被相提并论，但是为什么在中国，两人的知名度却有着天壤之别呢？的确，在中国，几乎所有人都知道博尔赫斯，尤其是文学青年们，谁不会背几句博尔赫斯的诗，在发网红图书馆的照片时，不配上博尔赫斯的名句"我心里一直都在暗暗设想，天堂应该是图书馆的模样"？但科塔萨尔在中国普通读者之中却籍籍无名，其代表作《跳房子》《万火归一》等一度在市面上难觅其踪，与《博尔赫斯全集》的火爆热卖完全不可相提并论。这当然不能归咎于科塔萨尔在国际文坛不够知名、不够有影响力或者不够有地位，相反，评论界普遍认为科塔萨尔的文学技巧具有划时代意义，他恢宏的野心、肆意的灵气，令他可以理直气壮地接受世界的赞美。同为"拉美文学爆炸四大主将"，为什么马尔克斯、略萨在中国都广受欢迎，同为阿根廷文坛双星，为什么博尔赫斯会受到中国作家顶礼膜拜，而科塔萨尔的名声却没有那么响亮呢？

在我看来，答案很简单：前面几位作家都幸运地遇到了喜爱他们的译者，他们的作品被翻译并出版了中文版，并且幸运地赶上了特殊的时代，被广大如饥似渴的读者所熟知。2016 年，中国社会科学院拉丁美洲研究所助理研究员楼宇女士发布了《拉美文学在中国（1949—2016）》的独立报告。根据其研究，1949 年至今，共有来自 20 个拉美国家的 210 位作家的文学作品被译介到中国，共计 570 种（不包括重版重译作品），其中阿根廷超过 100 本，遥遥领先；被译介最多的作家，排名前三位的就是博尔赫斯、马尔克斯和略萨。科塔萨尔呢？勉强排在第十名，只有 9 部作品被译介，还不到博尔赫斯（52 种）的六分之一。

这充分说明了文学作品译介和出版的重要性。不仅仅对于一位作家，对于一个国家、一种文化而言，亦是此理。

如今，中国和阿根廷之间贸易十分活跃，但文化交流方面方兴未艾，落后于经贸合作热火朝天的状态。单就出版而言，中国与阿根廷的交流更是寥若晨星，一方面，中国出版社对来自阿根廷的作品兴趣极为集中，主要是几位著名作家的文学作品，而即便要出版，很多时候也会通过欧美的版权代理处理，而非直接和阿根廷出版社打交道；另一方面，由于经济、地缘等多方面因素，阿根廷出版社出版中国作品的更为少见，市面可见的中国作品有相当一部分是欧美出版社直接发行到当地的。

实际上，阿根廷的出版业值得中国同行们给予充分的重视。从历史的角度看，阿根廷可谓文化大国。阿根廷是全世界民众阅读习惯最好的国家之一，布宜诺斯艾利斯平均每 8000 人就拥有一家书店，比例高居全球第一；阿根廷人口较为年轻化，受教育程度高，积极接受新生事物。阿根廷布宜诺斯艾利斯国际书展、国际文学节都是具有相当国际知名度的文化盛事。阿根廷人性格开放、热爱表达，同时政府对出版业并无限制，个人即便没有出版社也可以申请书号，因此在阿根廷，自出版比较常见。此外，无论政府还是民间，阿根廷对于作家、艺术家都给予了极高的尊重，也有相当多的政府官员（包括高层官员）都是记者、作家出身。种种因素，造就了今日阿根廷出版产业的繁荣。

2014 年，我们与西班牙语世界最大的出版集团——普拉内塔集团合作出版了中国"谍战小说之王"麦家的《解密》西文版，并创造了首印三万册的出版"神话"，同时启动了全球巡回宣传之旅。将博尔赫斯奉为自己"精神之源"的麦家对阿根廷似乎有着格外深厚的个人感情，而他的作品在阿根廷也受到了空前的欢迎：麦家被阿根廷发行量最大的杂志《FOR YOU》邀请去世界最美书店雅典人书店进行采访并拍摄照片（之前采访均是在酒店），到了书店后，记者掩饰不住惊喜地将麦家带到阿根廷畅销书榜前，告诉麦家："知道我为什么带你来这里了么？恭喜你！你的书现在排名总榜第二、文学榜第一。"这还是该书上市不到 1 个月，媒体尚未正式宣传之前，《解密》在阿根廷已经卖出了4000 册。在阿根廷第一大报《号角报》的精心安排之下，麦家走访了博尔赫斯的故居及其私人起居室、私人收藏馆，这些地方从不对公众开放，这也是第一次接待中国作家。

除了麦家，我们还出版了许多其他中国当代著名作家作品的西班牙文版，比如刘震云、周大新、于坚、徐则臣等；也出版了阿根廷中国研

麦家在布宜诺斯艾利斯雅典人
书店的畅销书榜前拍照留念。

究学者的作品，如马豪恩（Jorge Malena）的《中国：大国的构建》等。
我认识了许多热爱中国、致力于中国与阿根廷文化交流的朋友，比如于
坚的译者、青年汉学家明雷（Miguel Angel Petrecca），有一半华人
血统的《当代》杂志主笔古斯塔沃·伍（Gustavo Ng，中文名：伍志伟）。
在他们的帮助下，我们和阿根廷的合作更多了。2017 年 7 月，我受邀
参加了共青团中央组织的、以"共享、共建、共同体：中拉合作的青年
视角"为主题的中拉青年学者对话。在对话中，我分享了我们在中拉文
化交流、民心相通方面所做的工作。会后，阿根廷女记者莱蒂西亚（Leticia

诗人于坚和他的西班牙文译者明雷
（米格尔·安赫尔·佩特雷卡）

Pogoriles）兴冲冲地跑过来采访，并且很兴奋地告诉我，几年前她也曾在布宜诺斯艾利斯报道过麦家当时的宣传活动，没想到这原来是由一家中国出版社和普拉内塔集团合作举办的。莱蒂西亚的先生胡安·曼努埃尔（Juan Manuel）是阿根廷 UNIPE 大学出版社的编辑，得知中国居然有一家专门出外文书的出版社后非常感兴趣，特意在周日跑来我的办公室参观。随后，他又介绍了许多阿根廷出版界的朋友和我认识，包括研究出版的学者、出版社老板、编辑、出版商协会等。

姜珊（右2）与阿根廷出版商协会主席格拉谢拉·罗森贝格女士（右3）会谈后合影。左1为古斯塔沃·伍。

2018年1月，在古斯塔沃·伍的大力帮助和引荐下，我们的一个重要项目"中国书架"落地阿根廷国会大学，借着揭幕的机会，我终于第一次踏上阿根廷的土地。布宜诺斯艾利斯没有让远道而来的我感到一丝丝不适或紧张，这里整洁、优美，处处可见文化积淀与审美品位。当我因为时差，凌晨醒来站在酒店的窗前，俯瞰布宜诺斯艾利斯时，我看到宁静的城市一点点苏醒，粉红色的朝霞铺满天空，云蒸霞蔚，气象万千，犹如一幅巨幅油画在眼前，美得让我差点感动落泪。

揭幕仪式的那天，老朋友们能来的都来了：古斯塔沃·伍来了，胡安和莱蒂西亚来了，大陆出版社的老豪尔赫尽管有其他安排，还是赶来

2018 年 1 月，时任国家新闻出版广电总局
副局长周慧琳视察阿根廷"中国书架"。

给了我一个大大的拥抱。大家捧着酒杯，笑着聊着。所有与阿根廷有关的记忆都像起泡酒一样，在我脑海中翻涌、奔腾，那一瞬间，我想到了博尔赫斯的诗句："我不相信布宜诺斯艾利斯有过开端，我认为她像水和空气一样永恒。"

交流篇

我所见证的中阿文化交流

杨川颖（中国驻阿根廷使馆文化参赞）

　　说起来，我与阿根廷的缘分真的很深。大学毕业后第一次出国工作是去阿根廷，调入文化部后第一次出国常驻是去阿根廷，2015 年 11 月第一次担任使馆文化参赞又是在阿根廷。到本文完稿时止，我已在布宜诺斯艾利斯工作了七年半。

　　在这期间，我游览过伊瓜苏瀑布、莫雷诺冰川、火地岛等风景名胜，充分领略了这个拉美大国的美丽富饶。我也多次参访圣伊格纳西奥米尼遗址、科隆剧院、博卡俱乐部"糖果盒"球场、阿根廷国家图书馆（大文豪博尔赫斯曾在此担任馆长 18 年）等地，深切地感受到阿根廷文化的深厚底蕴。而最令人兴奋的是，我见证并经历了中阿关系特别是中阿文化交流与合作突飞猛进的一段时期，并很荣幸能为这一进程作出了自己应有的贡献。

　　阿根廷是拉美文化大国，在文学、电影、音乐、舞蹈等诸多领域都拥有世界影响力，在各领域都涌现出一批大师级人物。中阿文化互补性强，两国民众也对彼此文化怀有非常浓厚的兴趣。在中国，迄今已有近150 部阿根廷文学作品被翻译出版，博尔赫斯是几乎整整一代中国作家共同的"精神导师"，探戈也拥有极高的知名度。而阿根廷人对中国传统文化普遍非常尊重，武术、太极、中医都拥有众多粉丝，布市的"中国城"每到周末都热闹非凡，中餐馆顾客盈门，石狮、牌楼前照相的游客络绎不绝。如今，这里已经成为布市旅游大巴的固定停靠站。

　　然而，在此前相当一段时间里，距离遥远、交流成本高，以及阿根廷与欧美国家渊源深厚而与中国交往时间相对较短，都使中阿文化交流长期处于相对较低的水平。恰恰是最近十多年来，伴随着中阿两国各领域关系的飞速发展，两国文化交流才日益活跃起来，呈现出欣欣向荣的喜人景象。

春节庙会

　　如今在阿根廷，最为当地人熟知的中国文化活动是每年一度的布宜诺斯艾利斯"欢乐春节"庙会，目前已成为阿国内知名文化品牌，也是海外规模最大、参与人数最多的春节庆祝活动之一。2016年"欢乐春节"活动吸引了60万布市市民参加；2017年由于赶上狂风大雨，活动刚开始不久就被迫中止；刚刚过去的2018年春节，参与人数再创新高，两天内接近80万人次，其中阿根廷人超过99%。庙会现场人头攒动、摩肩接踵，无数面中阿国旗迎风招展，舞龙舞狮、武术太极、民族歌舞等地道的中国节目轮番上演，数十个摊位上各式中国文化节庆用品琳琅满目，整个活动的热闹程度丝毫不亚于北京的庙会。每年庙会时节，阿国内各大报纸、电台、电视台竞相报道，在各主要社交媒体上，有关春节庙会的主题也是随处可见、人气爆棚。

　　布市春节庙会的历史可以追溯到2005年，起初只是华人华侨每逢春节来临时在布市中国城附近自发举办的民间庆祝活动，一般是在Mendoza街和Arribeño街的交叉路口搭个简易舞台，由侨界文艺爱好者们表演一些简单的节目。2012年庙会经历了第一次大升级：一是因为被纳入了中国文化部全球"欢乐春节"活动，我驻阿使馆成为庙会的主办方。二是举办地点搬到了毗邻中国城的Barrancas de Belgrano公园，面积扩大到近3000平方米，园内搭建大型舞台和商品摊位，形式上开始接近国内人们熟知的春节庙会。这个公园里有一个小山坡，当在对面

2014 年的布市"欢乐春节"庙会

平地上搭好舞台后,这里就形成了天然的观众席,可以同时容纳上千人就座。这一阶段,庙会的每年参与人数升到数万级别。2016 年,庙会迎来了又一次新的升级:布市政府将其列入每年的"布宜诺斯艾利斯庆典"系列活动,并确定面积 1 万平方米的阿根廷国家公园广场为今后庙会的固定举办场地。同年,阿新任副总统米凯蒂以及布市市长拉莱塔亲临庙会开幕式,向中国人民和在阿华人华侨祝贺新年,体现了阿政府对庙会的重视和肯定。

阿根廷欢春庙会的成功原因,可以说是天时地利人和一应俱全。天时是指虽然南北半球季节相反,但农历春节恰好赶上阿根廷传统的暑期长假,举办文化活动恰逢其时。地利是指布市政府出于支持文化多样性及为公众提供文化产品的考虑,对这一活动给予大力支持,不仅在审批手续上一路绿灯,而且直接出资搭建舞台、布置场地,并在安保、卫生、

2018 年的布市"欢乐春节"庙会现场

交通等方面提供全力配合。人和则是指庙会将两国政府及当地侨界的资源有机地整合在一起，形成了推动中阿文化交流的合力。其中以庙会承办方——阿根廷金凤凰基金会负责人陈静为代表的一批华人华侨，在个人生意成功后致力于推动中阿友好事业，每年都会花上几个月的时间投入庙会筹办工作，对庙会的成功举办发挥了重要作用。布市春节庙会的成功也是两国政府通力合作的结果。2018 年中国文化部组派了浙江艺术团一行 30 人专程来阿参加庙会演出，他们带来的舞蹈、杂技、魔术等节目受到了阿根廷观众的热烈欢迎。同时，中国驻阿使馆还与艺术团一起在布市标志性建筑——方尖碑下策划实施了"欢乐春节·舞动探戈"快闪活动，将中阿两国的音乐、舞蹈结合在一起，获得了阿根廷公众和媒体的高度评价。

2018 年 2 月 8 日，来访的浙江艺术团在布市方尖碑下进行快闪演出。

中西双语小学

阿根廷是移民国家，历史上移民主要来自意大利、西班牙等欧洲国家。自 20 世纪八九十年代开始，中国移民数量迅速增加，时至今日已经成为阿根廷社会的重要组成部分。据不完全统计，目前在阿华人华侨有 18 万左右，其中以福建人为多，他们大部分生活在布宜诺斯艾利斯市，经营的上万家小超市已经占到布市商品零售总额的三分之一。为体现对华人华侨的认可及对中国文化的尊重，2014 年 3 月，布市政府开办了拉美地区第一所公立全日制中西双语小学。

这所小学的正式名称是布市第五学区第 28 小学，位于布市南部，距离市政府新办公大楼不到 100 米，是距那里最近的公立小学。学校校区为一幢新建的二层建筑，拥有宽敞的多功能厅、实验室以及专门的图书馆，硬件在布市公立小学里绝对算是豪华配置了。学校采用中西双语浸入式教学法，每个班 32 名学生有一半是阿根廷人，另一半是华人华侨子女。一半课时用中文，另一半课时用西班牙语。目标是到小学毕业的时候，所有孩子都能自如地使用中西两种语言进行交流。

这所学校得到了两国政府的高度重视。据了解，时任布市教育部长布里奇（阿根廷为联邦制国家，布市及各省政府下属机关均称为"部"）和副部长瑞加索尼对这所学校非常重视，投入了大量时间和精力，为学校的如期建成发挥了重要作用。时任布市市长、现任阿根廷总统马克里出席了该校的开学典礼。北京市教委和布市教育部签署了专项合作协议，定期向这所学校提供中文教材。我们使馆和华人华侨社团也多次为学校进行过捐赠。

2014 年，这所学校开始招收一年级新生，之后每年开学都增加一个新的年级两个班，目前最高年级是四年级。最近两年中，我几次陪同国内的教育团组去该校参观，也陪同大使夫妇向学校赠送过教学设备。每当看到教学楼里的学生越来越多、空教室越来越少，看着孩子们脸上的灿烂笑容，听着他们用稚气的嗓音一起齐声朗读唐诗、演唱中国和阿根廷的儿歌，我都感到无比喜悦。我相信，等到这些孩子们毕业长大了，一定会为中阿友好事业作出更大的贡献。

奖学金生

随着近年来中国国家实力和国际影响力的全面提升，以及中阿各领域关系的迅速发展，学习汉语的阿根廷人越来越多。目前，阿根廷各地有规模的汉语教学点已经超过 30 家，包括两所孔子学院及各大高校和私立教育机构开设的汉语学习班，每年在读人数超过 3000 人。相应地，阿根廷学生对中国政府奖学金的需求也越来越强烈。

杨川颖参赞（手持"面条"卡片）与马德普拉塔市大学汉语班师生在一起。

　　自 20 世纪 80 年代开始，中方向阿根廷学生提供单边政府奖学金。就我所知，十年前每年提供 10 个名额，2013 年增加到 15 个，2016 年又增加到 25 个。奖学金申请人数出现大幅度增长始于 2010 年左右。2012 年，尽管中国驻阿根廷使馆教育文化处将持有汉语水平考试（HSK）二级证书作为申请中国政府奖学金的必要条件，每年仍能收到近百份合格的申请，而最终入选者大部分具备 HSK 三级以上水平。

　　2015 年底我重回驻阿根廷使馆后，对奖学金申请者的遴选流程作了较大修改。一是开始接受到中国学习本科及研究生专业课程的申请；二是遴选过程结合当地汉语教学机构的推荐、申请者在校期间成绩以及所报专业是否符合中阿未来优先合作领域等因素综合考量；三是对进入复试的申请者进行面试。这些改变虽然大幅增加了我处同志的工作量，但在相当程度上保证了选拔出来的奖学金获得者的质量。近几年以来，我们选送到国内的学生得到了国家留学基金委和各接收高校的一致认可，其中还涌现出了福玉星（Ema Indira Burmester，本科就读于北京语言大学汉语国际教育专业，期间拜著名相声演员丁广泉为师学习相声，目前在北京师范大学攻读中国现当代文学硕士）、功必扬（Brian González，湖北电视台《非正式会谈》节目常驻嘉宾）、马超（Eduardo Macchi，在第十五届世界大学生"汉语桥"中文比赛决赛中获得美洲区第二名，为阿根廷学生参加这一赛事的最好成绩）等一批优秀学生。

与此同时，我们也积极组织赴华留学生开展文化活动，包括两次赴华奖学金生联谊会、一次阿根廷人中文歌曲演唱大赛等。2017年6月，在我处的支持下，阿第一位中国政府"卓越"奖学金获得者、就职于阿教育部国际司的贡萨洛·托尔蒂尼发起成立了阿根廷留华留学生会。目前该协会已经有会员近100人，并且赴阿各省多所高校举办赴华留学宣介活动，为帮助阿民众特别是大学生了解当代中国发挥着越来越重要的作用。

来自中国的古典音乐

阿根廷拥有庞大的古典音乐爱好者群体，也曾出现过马尔塔·阿格里奇等蜚声世界乐坛的大师。最近几年来，在各界人士的共同努力下，中阿两国在古典音乐领域的交流越来越多，阿根廷专业人士乃至普通公众逐渐形成了一个新观念——中国已经是古典音乐领域的强国。

对阿根廷人来说，中国的音乐家知名度最高的当属郎朗。他曾于2012、2014、2016年三次在科隆剧院举办个人独奏音乐会。说起来很有意思，一直到2014年为止，阿根廷音乐评论界对郎朗的看法都存在明显分歧。至今在网上还可以查到那次演出后阿主流媒体刊发的评论：一方面承认他技法出众，另一方面认为他缺乏对古典音乐的深刻理解。而类似的批评声音到2016年郎朗以"中拉文化交流年形象大使"身份第三次来到科隆剧院演出后基本上就听不到了。对此，我们半开玩笑地

2017 年 3 月 24 日，中央歌剧舞剧院四位青年音乐家与阿根廷国家交响乐团联袂演出。

说，不知是郎朗本人的水平真地有了新的提升，还是阿根廷人从心理上终于接受了一位中国钢琴大师的存在。

另一位在中阿音乐交流领域发挥重要作用的是著名指挥张国勇老师。他于 2016 年 4 月首次来阿，在科隆剧院执棒布宜诺斯艾利斯爱乐乐团。那不仅是第一次由中国指挥执棒阿知名交响乐团，而且是有记载可查的阿交响乐团第一次演奏中国作品——张国勇带来了鲍元恺的《中国组曲》。也正是在张国勇老师那次来访期间，我们一起敲定了当年 10 月青岛交响乐团访阿演出的诸多细节。最终，青岛团在基什内尔文化中心（阿国家文化中心）的两场演出均大获成功，成为"中拉文化交流年"的标志性项目之一，也是有史以来中国整建制交响乐团第一次通过官方交流形式来阿演出。此后，我们又一起策划了 2017 年中阿音乐家联手共庆两国建交 45 周年的项目。虽然张国勇老师最后因故未能成行，但我们的创意却在中阿两国文化部的支持下得以实现。2017 年 3 月 24 日，中国歌剧舞剧院青年指挥家张峥以及元奕、段碧妍和杨悦三位青年演奏家与阿根廷国家交响乐团在基什内尔文化中心联袂奉献了一场中国作品音乐会，包括《梁祝》《黄河》《长城随想》等曲目。这场演出不仅为中阿建交 45 周年奉上了一场高水平的音乐盛宴，而且使阿根廷文艺界对中国音乐有了更加深入的了解。

过去十年间，中阿文化交流从一株嫩芽日渐茁壮成长，而今已经结出了累累硕果。中国电视剧《琅琊榜》即将在阿主流电视台播出；阿汉学研究工作方兴未艾，一批青年学者已经崭露头角；两国文博机构的合作正在落地；两国政府已签署相关协议，布宜诺斯艾利斯中国文化中心建设工作取得阶段性进展。我们有充分的理由相信，下一个十年，中阿文化交流与合作一定会更加频繁、更加深入、更加全面，也必将为中阿全面战略伙伴关系的巩固和深化发挥独特而重要的作用。

未来、传统和文化交流

胡安·曼努埃尔·科尔特列蒂（阿根廷驻华使馆文化参赞）

　　我第三次来北京，与之前有些许不同。这次停留时间更长，而且是拖家带口。在国外常驻往往意味着一大堆麻烦事：给孩子找学校，学习我见过的最复杂的语言，尝试融入这个从源远流长的历史中诞生的灿烂文化。对于一个来自阿根廷这样一个年轻国家的公民来说，无论从哪个角度看，这个亚洲国家的文化都是截然不同的。

　　此次来中国前，我在乌拉圭生活了五年。关于中国的第一课，我就是在告别蒙得维的亚的亲戚朋友时学到的。和我关系最亲近的圈子里的人们对中国的认知，和中国的现实情况是完全脱节的。他们向我们挥手作别，但是却并不像我们一样感到激动，甚至有些难过，他们担心我们到中国不知道吃什么，不知道住哪里，或者不知道如何保证孩子的教育。

　　这就是拉丁美洲对中国的认知缺乏，甚至连消息灵通的人也对中国不甚了解。拉美媒体对中国的报道总是片面的、不充分的，甚至干脆就没有报道。举个例子，中国很多城市都跻身于世界上最大的都市之列，比如重庆、杭州、武汉和成都，但在阿根廷人每天阅读的报纸中，这些城市完全没有一席之地。

　　我们在文化和传媒领域工作的一个重要目标就是，使用客观的信息来消除我们对中国过时的、根深蒂固的刻板印象——这种印象在很多情况下会让我们各个领域本来正常的关系变得疏远。加强联系所需要的互信在偏见和无知的土壤中是无法生长的。

对于其他国家的刻板印象有这样一种特性：一旦这种印象形成，人们就不愿意去改变它。一种观念出现之后，就会在相当一段时间内变得不可撼动，即使事实证明这种观念反映的情况早已不复存在，也无济于事。中国发展的速度太快了，把人们甩在了他们自己的记忆里。

有一张照片，将 1990 年和 2010 年的浦东进行了对比：从一片稻田到拔地而起的摩天大楼，这个进程所花费的时间在历史上不过是一眨眼的工夫。上海所经历的一切，其实中国其他大城市也经历过，但在很多拉美人的脑海里，却一直留存着关于中国的老旧明信片：要么是遍地水牛，要么是塞满了自行车的狭窄街道。诚然，这些景象的确还存在，但已然不是当今中国的主流形象了。

正因如此，那些第一次来中国的人往往会感到震惊，发现眼前所见的现实与之前的印象截然不同。他们感到惊讶不是因为这里发生了这么多变化，而是因为他们发现在这里看到的一切和他们的预期完全不一样。来中国之前，很少有人会在脑海里将这个国家与人工智能发展先锋、专利发明高速增长、手机移动技术、人脸识别技术、智慧城市、可再生能源等联系起来。

事实上，对于一个发明了纸、火药、印刷术和指南针的文明而言，取得这些成就也理所应当。邓小平推动的"四个现代化"得到了切实发展，如今取得的成就甚至会让这位改革开放的推动者感到惊讶吧。再过几年，当正确判断和偏见再次在人们的刻板印象中相遇时，一篇论证中国高度现代化的文章将变得毫无意义。当然，虽然中国发展得很快，但对于我们这些每天生活在北京的人来说，还是能在这"北方的京城"发现某些角落一直停留在过去。

北京公园里的鸟笼

北京的公园

　　"这平等待人的幽幽广场"，这是作品在中国最广为流传的拉美作家博尔赫斯的诗句，无论你是否愿意，他这句诗描绘的也包括北京的公园。

　　在日坛公园、天坛公园或地坛公园走一走，就相当于完成了一次对中国辉煌传统的朝圣之旅。在喧闹的城市节奏中，这些古迹被绿树默默保护着。在一块光滑的地面上，年长的书法家用蘸水的毛笔写出了脍炙人口的诗句。这是一幅昙花一现的书法作品，在地面的炙烤下，字迹慢慢变形，然后完全消失。人们围在一旁欣赏这稍纵即逝的作品，看着一

夏日的荷塘

首诗刚写好时清晰可见的部分，然后看着最初写的那部分慢慢消失直至完全蒸发。

另外一边，是一群在跳广场舞的人——中国有数百万人在从事这项活动。这是一种舞蹈，一种运动，也是一种社交活动。那令人惊讶的地方是什么呢？在不止一个广场舞队中，所使用的舞蹈动作除了华尔兹和传统舞蹈的舞步，还有探戈。以中国庞大的人口基数按比例推算的话，很有可能在中国会跳几步探戈的人比整个阿根廷人口都多。

在一座铁质的凉亭附近，一群老人正在做着一些看上去没什么意义的锻炼。一位老大爷用他的肩膀一次一次撞向树干，同时他的朋友用后背去撞他对面的另一棵树，两个人一边锻炼一边聊天。一位大娘倒着绕

阿根廷艺术家阿莱杭德拉·埃
斯特维斯的画作：北京胡同

圈走路，同时手掌用力拍自己的胳膊。如果你学过一点中医，也许就能
理解他们为什么做这些奇怪的活动了。

公园还在不断制造惊喜。一些男人喜欢遛鸟，他们把鸟笼挂在树上，
彼此离得很近，让各自的宠物可以沟通和交流。群体活动随处可见，学
习功夫和太极的人们在一片荷塘边摆开阵型。

这一切体现的都是和谐与共存。在这里，人们呼吸到的是传统，不
难想象，这里一两百年前的景象和现在应该是没什么差别。走出公园，
仿佛经历了一趟穿越时空的旅程，堵满高档车的拥挤街道让我们又回到
了"当下和未来"的北京。

文化的接触

吕龙根教授是中国文化专家。十年前，我们这些外交官来到外交学院接受培训课程，当时我们向他提了很多问题，他则一直坚守自己的理念。他告诉我们，由于中华文化底蕴深厚，任何外来文化进入中国之后很难保持原封不动。"我们会适应别的文化，但是从来不会照单全收。"他还指出，历史上中国曾遭受过多次外族侵略统治，但是随着时间的推移，这些征服者"丧失了自己的文化，反而开始学习儒家思想，最终逐渐采用了我们的生活方式"。

没有任何一种进入中国的文化能保持原样，这个理念给我们的文化工作带来了全新的视角：近几年来，最吸引人的一个现象就是中国公众与阿根廷艺术的首次接触，我们可以看到他们会从自己独一无二的传统出发对这些艺术进行新的诠释。

很多中国公民都能够深刻地了解阿根廷的文学、音乐和电影，而且除他们之外，还有成百上千万人在好奇心的驱使下开始阅读博尔赫斯或科塔萨尔的著作，或者开始欣赏探戈音乐，看阿根廷的电影。

这样的文化接触已是不证自明的事实。我们则试图利用它的价值：我们不打算在介绍我们国家艺术品的同时对它进行解释或评论，我们希望在一开始先把它直接呈现在公众面前，不加介绍、思考、阐释，也不讲故事。

创意效应是一种新颖的事物，它可以帮助人们以更有密度、更复杂、更充实的方式接受阿根廷文化。源远流长的历史和儒家思想的影响、宗教合一与马克思主义，让中国在接收外来文化时促成文化之间令人惊异的联系，这在其他国家是不可能实现的。

只有激发了兴趣，才能实现批判性阅读。和阿根廷的文化产生联系，是进一步了解这个国家的途径，人们会随之对它的历史和风景产生兴趣，

阿根廷艺术家阿莱杭德拉·埃斯特维斯的画作：寺僧

希望去那里旅行。当然，我国的艺术家同时也向中国民众提供了一种工具，让他们对自己的情况和文化产生思考。从博尔赫斯到科塔萨尔，从皮亚佐拉到里维罗，从坎帕内拉到达米安·斯兹弗隆，人们也会谈到他们，讲述他们的故事，讨论个人和群体关切的问题。阿根廷一些文化符号的中国化，例如博尔赫斯和探戈的案例，是对其普世性最好的证明。

有关汉语的经历

学习汉语与学习其他任何语言的感觉都不一样，这是一种非常奇妙的经历。在阿根廷，我们如果遇到什么不可能的事或者极其困难的事，就会说："这简直就是基础汉语。"（我也不知道为什么我们要管它叫"基础汉语"而不是"高阶汉语"，那个明显要难得多啊）

把一门语言和极度困难类比，往往导致学习者错误地觉得他付出的一切努力都是徒劳，永远都不可能正确地使用和发音。因此，在北京街头第一次用汉语与人成功交流或者第一次看懂街上的广告，都会被当作巨大的成就。那种浸入一个包含延续千年的规则和宇宙观的语言体系的感觉，简直太迷人了。

另外，很少有语言能像汉语一样，仅靠文字而不靠内容就展示出美学价值。笔画整洁的一组汉字，本身就是一幅艺术品；一首诗的美感不仅可以体现在寓意中，也可以体现在汉字的审美架构中，或者说，在最理想的状态下，是两种美感的结合。即使不懂得这门语言，人们也可以像欣赏画作一样来欣赏一首汉语诗。

语言的学习是融入对方文化的一种方式，是打破将我们彼此隔绝的语言和文化上的厚重帷幔，观察并理解对方的重要尝试。学习一门外语，不可能不关注字面背后的文化内涵。并不是所有的中国人都知道一个词的词源或者几个汉字组合所表达的字面含义，因为他们从小就很自然地在使用这门语言。作为一个天真的初学者，我对汉语不同概念组合产生的美感惊异不已。比如，"学问"字面的意思就是"学和问"；"新闻"这个词则是"新"和"闻"两个汉字的组合，字面看来就是"全新的味道、全新的气味"的意思；"海关"字面上是"关闭的海洋"；"说明"则是"说出光明"或"说得明亮"。这样的例子不胜枚举。当然，发现自己所学的不过是这门美丽而复杂的语言的冰山一角，也是挺有挫败感的。

我们这些生活在中国的人确信，中国正在经历一个前所未见的历史时期，这个时期也充满矛盾和困难。这个拐点也发生在文化领域：在这个时刻，中国正在深入走进世界，去认识新的艺术形式。考虑到中国庞大的人口、人们的知识素养和好奇心，阿根廷文化在中国的发展不可估量。

有一种"乡愁"，叫阿根廷

叶书宏
（新华社国际部地区报道中心副主任，曾任新华社阿根廷分社社长兼首席记者）

2012 年 10 月 5 日，我们乘坐智利航空公司的航班飞越安第斯山前往布宜诺斯艾利斯，开始了我在阿根廷为期四年的驻外岁月。从最初的陌生甚至有些抵触，到后来的融入以至离开时的恋恋不舍，阿根廷给我们留下了太多美好回忆。而今回国已经快两年了，我们依然难以忘怀在阿根廷的时光，不时聊起过去的点点滴滴。

胃里的"乡愁"

初到布宜诺斯艾利斯，我们住在帕勒莫区的一处高楼公寓，楼下有个非常漂亮的游泳池。每到夏天，我的儿子思齐都会整天泡在游泳池里，像一只快乐的青蛙。当时的救生员是布宜诺斯艾利斯大学的一名学生，名叫马丁，小伙子热爱音乐，充满朝气活力，思齐很快就跟这个小伙子成了好朋友。

泳池的边上是会所，当地人叫作 STUDIO。阿根廷人喜欢社交，经常会看到业主在会所阳台举行烧烤派对。后来我知道，如果有人邀请你去家里吃烧烤，那一定是把你当朋友了。初到阿根廷，我希望尽快融入

埃尔塔诺烤肉店

当地社会，于是入乡随俗，邀请过几位朋友来家里吃烤肉，但效果都不太理想，烤出的肉如同皮革，这门手艺远比我想象的复杂。

在门房保安的推荐下，我认识了小区维修工曼努埃尔，他来自西部的圣胡安省，有着西部山民的淳朴和热情，烤肉技术一流。他告诉我，阿根廷烤肉有三个诀窍：一是肉质，一定要当天的牛肉，而且要肥瘦合适，因为肥肉浸出的脂肪可以让瘦肉更鲜嫩。二是炭火，一定要自己把栲胶木烧成发白的炭火再置于铁箅下。三是火候，慢火微熏至少要两个小时，火急了肉容易老。

有了曼努埃尔这位顶级高手，我再次鼓起勇气，向那些曾被我的烤肉手艺吓到的朋友发出了邀请。一个凉爽的夏夜，伴随着李宗盛、伍佰用岁月熬成的老歌和安第斯山阳光雪水酿成的马尔贝克，曼努埃尔为我们和我们的朋友呈现了一次顶级的"阿萨多"（Asado，即阿根廷烤肉）盛宴。他也"一战成名"，成为好几位朋友周末烤肉聚会的兼职主厨。

自此，烤肉成为我们对阿根廷难以割舍的乡愁。起初，我们经常去马德罗港的餐厅大快朵颐，后来在一位出租车司机朋友的推荐下，我们找到了阿韦亚内达区的埃尔塔诺烤肉店。中国有句老话，酒香不怕巷子深。尽管这里地处偏远郊区，依旧门庭若市，等座的人排起长队。为照顾那些迫不及待的肉食者，餐厅老板专门开设了外卖窗口，依然供不应求。据说一晚上这里可以吃掉五头牛。

品尝真正的阿根廷烤肉，最好去潘帕斯草原腹地的庄园。位于阿根廷中部、面积达 78 万平方公里的潘帕斯草原天高云淡，牛羊成群，其间散落的各色农庄，保留着高乔牧民特有的民俗文化。一个美好的周末，我们在那里受到了热情的接待，并且有幸品尝到了阿根廷烤肉中烤制方法最复杂的烤全牛。庄园主人名叫胡安，据说天不亮他就把宰杀不久的牛展开平铺在一个巨大铁箅子上，斜立在炭火旁慢慢烘烤，还不时地往肉上撒盐，让咸味慢慢渗透进肉里，烤出的牛肉香嫩、松软、肥而不腻，令人回味无穷。

回国后，我们还是会经常想吃阿根廷烤肉。后来听说在北京国际机场附近有一家阿根廷烤肉店，我们尝试过一次，总不是那个味儿，正所谓"除却巫山不是云"。在对待美食上，我不是个容易将就的人，寻遍北京也没找到地道的阿根廷烤肉，慢慢地也就放弃了这份念想，期待着有一天能够再次回到潘帕斯草原，慰藉这份胃里的"乡愁"。最近，听说中国和阿根廷已经就冰鲜牛肉质检达成协议，对我们来说，这真是个好消息！

查斯科穆斯湖

水是大地的眼睛，少了水，再美的景致也少了灵性。我的家乡是南京，一座长江边上的城市。或许是这个缘故，我对水有着特殊的感情，无论移居到哪里，我都会寻找一处有水的所在，或是海滨，或是湖畔，以寄托对家乡的思念。来到阿根廷之后，我们经常去布宜诺斯艾利斯南部的查斯科穆斯湖度周末。那里风景优美，民风淳朴。我最喜欢那里的清晨，薄雾缭绕，宁静安详，同喧闹的首都相比，如同世外桃源。

同查斯科穆斯湖结缘，起于钓鱼的爱好。在智利常驻的时候，我们经常会驾车一个多小时，从首都圣地亚哥前往太平洋海岸的圣安东尼奥。每年5月，冰冷的洋流会把大量的银汉鱼送到这里，彼时码头栈桥上会挤满钓鱼的人群，我们也会加入其中，乐此不疲。后来到了布市，公寓楼看门人赫苏斯向我推荐了查斯科穆斯湖，说那里盛产淡水银汉鱼，每年5月都会吸引很多钓客。赫苏斯来自阿根廷北部的密西翁内斯，那里濒临帕拉纳河，每年都会举办钓鱼节。每次聊天，他都会不厌其烦地给我描述钓鱼船"万舟齐发"的盛况，还有他如何用两个多小时降服一条黄金鱼的经历。旁若无人、眉飞色舞的讲述，让他看上去像个天真的大孩子。

从布宜诺斯艾利斯驱车南行100多公里，就到了查斯科穆斯湖。湖边是个同名的小镇，是阿根廷结束军政府独裁后首任民选总统劳尔·阿方辛的故乡，至今小镇中心广场还保留着他的故居。小镇依水而建，绿树成荫，环境优美。每到周末，都会有很多人来这里休闲。他们会在湖边找一处草坪，放上几个躺椅，打开汽车里的音乐，喝着马黛茶纵论国家大事，玩会儿足球，一待就是一整天。喜欢钓鱼的人则会找个湖边偏僻的所在，一边钓鱼一边烤肉，其乐无穷。这里最美的地方是栈桥，伸入湖中100多米，尽头是一个圆形的水泥平台。每到钓鱼季节，平台一

查斯科穆斯湖边的蒂托

圈都会坐满了钓客，认识的、不认识的都会互相较劲，看谁钓上的银汉鱼更大、更多。

我们在栈桥上认识了蒂托。他40多岁，土生土长的查斯科穆斯人，没有正当工作，靠给小镇居民打些零工度日。他喜欢养小动物，有一只陪伴了他20年的金刚鹦鹉，蒂托经常会带着它去湖边栈桥上闲逛，向游人表演几个小节目换些花销。一次我们在栈桥垂钓，蒂托带着鹦鹉走了过来，好奇地问思齐："你是哪国人？"思齐不假思索地回答"Soy argentine"（我是阿根廷人），逗得蒂托哈哈大笑。我们一见如故，很快就成了朋友。蒂托爱喝中国茶，每次去湖边度周末，我们都会提前去布市的中国街买些给他带上。有时，我们会相约去栈桥钓鱼。蒂托是个钓银汉鱼的高手，虽然衣着邋遢，但钓具一应俱全而且整理得井井有条。绑钩系线，他那双粗糙的大手却如同绣花般灵巧，有时思齐有鱼上钩，他会特别兴奋地帮着摘钩。至今，我脑海中还清晰存留着这样的画面：栈桥昏黄的路灯下，我们四个人并排坐在一起，盯着各自的浮漂，四周一片黑暗，只见得满天的星光，听见远处依稀的虫鸣……

回国后，我们还是会经常说起查斯科穆斯湖。偶尔心里烦闷的时候，我会闭上眼睛，想象着再次回到那里：驾车绕着开阔的湖面兜上几圈，看着湖面倒映的天光云影；湖畔草丛中被过往车辆惊起的水鸟，栈桥上钓鱼的人一次次抛投着鱼线；无风的黄昏，如镜的水面被气象万千的云霞涂抹得五颜六色，一队鸬鹚贴着水面飞行，呈现出"落霞与孤鹜齐飞，秋水共长天一色"的绝美意境……想着想着，心绪总能恢复宁静。

马尔贝克的邀请

阿根廷盛产优质葡萄酒，超市的葡萄酒好喝不贵，四年多阿根廷的生活，让我养成了喝葡萄酒的习惯。2016 年再次回到中国的时候，过去困扰多年的脂肪肝居然消失了，这应该跟葡萄酒有些关系。现在，国内网上订购阿根廷葡萄酒也很方便，所以我们依然保留着这个"阿根廷习惯"。

在诸多阿根廷葡萄酒品种里，最让我难忘的是"马尔贝克"（MALBEC）。品过马尔贝克的人，不会忘记第一次入喉的深厚与绵软——那种毫不突兀的口感，让人感觉"虽初次见面却相知已久"；混合着紫罗兰、黑莓、李子、樱桃、香草和松露的香气，如同味觉的和弦，低调深沉而细腻，在舌尖久久萦绕。有人说，马尔贝克在安第斯山脚下的繁荣是阿根廷人受到上帝"眷顾"的又一例证：巍峨的安第斯山拔地而起，挡住了来自太平洋的水汽，干燥的空气、充足的光照、山地气候的日夜温差，造就了绝佳的培育环境。这种地理独特性在酿酒师的妙手中转化为阿根廷马尔贝克独一无二的品质。

阿根廷现在是全球第五大葡萄酒生产国、第九大葡萄酒出口国。西部安第斯山麓的门多萨省是重要的葡萄酒产区，集中了全国三分之二的葡萄酒产量。近年来，随着中国葡萄酒消费兴起和中阿农产品贸易发展，这里的顶级酒庄开始把目光瞄准中国市场。2015 年 6 月，我带着对阿根廷葡萄酒产业的好奇，来到门多萨省，参观了几个与中国市场有业务往来的酒庄。一个总体印象是，这里的酒庄重视中国市场，对中国市场充满信心。

"特里文托酒庄"成立于 1996 年，2005 年开始对华出口葡萄酒。2012 年之后，对华出口量开始呈现快速发展态势。酒庄亚洲市场负责人丹妮埃拉·埃尔南德斯相信，全球葡萄酒行业中没有人能忽视中国巨大的消费潜力，中国市场将是阿根廷葡萄酒的未来。为充分了解这个"陌生的东方市场"，酒庄首席酿酒师赫尔曼·迪·塞萨雷花了一个月时间专门对中国几座大城市进行市场调查。他坦言前往中国之前对自己酿造的马尔贝克年份酒充满信心，然而来自中国市场的反馈却让他有些失望，"拓展中国市场真的很难"，最大的难题是"如何对接中国人的口味"。他发现，北京、上海这样的大都市，人们的健康意识很强，消费者对阿根廷葡萄酒接受度较好，但其他城市认知度较低。总体而言，中国消费者更喜欢清爽、温和而偏甜的口感，对于葡萄酒的认知还有待丰富。塞萨雷敏锐地意识到，中国的葡萄酒文化才刚刚兴起，需要主动向中国人宣介阿根廷的葡萄酒文化。因此，他的中国之行，除了推介酒庄代表产品马尔贝克，还做了几场"葡萄酒品鉴培训"。

没想到在门多萨产区的葡萄酒之旅，最有趣的体验来自欧福尼耶酒庄。酒庄的主人何塞·曼努埃尔来自西班牙，曾是一位成功的投资银行高管，也是疯狂的红酒爱好者。2016 年，他来到门多萨，巍峨的雪山、纯净的水源和各种适宜酿造顶级葡萄酒的风土条件，让他决定放弃工作，带着家人来到这里，投资修建了犹如太空飞船般的欧福尼耶酒庄。美食、

欧福尼耶酒庄的主人
何塞·曼努埃尔

旅游与美酒的完美结合，是这座酒庄吸引人的特色。最近几年，中国游客数量的增加让酒庄主人何塞·曼努埃尔看到了商机。他聘请中文老师为餐厅的西式菜品配上了形意合一的中文名字，例如番茄、杏仁和生菜组成的沙拉叫"阳春白雪"，烤牛尾搭配土豆菜花叫"目无全牛"，而搭配蘑菇和蛋黄的香脆意大利面食被冠以"飞黄腾达"……

曼努埃尔深信中国市场巨大的消费能力必将带动阿根廷葡萄酒行业的快速发展。为此，他在酒庄开设了一座专门为周边居民和员工子女而设的中文学校。2014年，曼努埃尔请来旅居阿根廷的华人张连春（音译）为孩子们教授汉语；他自己的四个孩子早在几年前就开始学习中文，如今已经可以用中文简单沟通。他当时对我说："我们同中国的联系始于

欧福尼耶酒庄内部的中文学校

　8 年前，出于我本人对中国文化的爱好，也考虑到中国市场的成长性，我让孩子们学习中文，主要是给他们植入中国的概念；未来中国市场的潜力难以估量，我们需要有超前意识，提前做好准备。"何塞·曼努埃尔曾经在自己 18 米深的酒窖中举行了西方戏剧和中国京剧"混搭"演唱会，专门请来中国厨师教授主厨学习扬州狮子头，自己的私人窖藏还有张裕出品的赤霞珠年份酒……酒庄主人对中国的偏爱由此可见一斑。

见证农业合作潜力

　　作为常驻阿根廷的外国记者，农业是我关注的一个重要话题。我很早就知道，阿根廷被誉为世界的"粮仓和肉库"。站在广袤的潘帕

罗萨里奥谷物交易所内景

斯草原上，你无法不为这个南美国家丰茂的自然资源和优良的气候条件所感叹。过去 200 年中，阿根廷人凭借聪明才智不断强化自身在农业生产领域的比较优势，使其成为国民经济的支柱产业。

2016 年 6 月，应阿根廷朋友的邀请，我用一周时间对中部罗萨里奥农业产区进行了采访。从产业链底端的种植基地到高附加值的农业生物科技公司，我感受到阿根廷农业发展的强大活力和中阿农业合作的巨大潜力

罗萨里奥是阿根廷重要的农业核心产区。我首先拜访了著名的罗萨里奥谷物交易所。这座成立于 1884 年的老牌交易所汇集了大豆、玉米、向日葵等谷物生产的各种产供销信息，是阿根廷重要的谷物贸

叶书宏采访罗萨里奥谷物交易所
首席研究员胡里奥·卡尔萨达。

易和期货交易平台。胡里奥·卡尔萨达是交易所的首席研究员，被同行称作阿根廷大豆贸易"活字典"。他告诉我，2015年，从罗萨里奥出口的谷物及副产品有近5630万吨，占全国出口量的80.9%；而中国是第一大出口目的地国，对中国出口占总出口量的26%。为了让我有个更加直观的印象，卡尔萨达建议去帕拉纳河沿岸走走。

著名的帕拉纳河流经罗萨里奥市，在70多公里的河段上，每隔几公里就能看到一个大规模的现代化货运码头，嘉吉、邦吉等全球粮食巨头在此都有自营码头。依河而建的雷诺瓦公司是当地第二大豆油加工企业，谷物储存能力近30万吨，日加工量约2万吨，2013年竣工的自有码头每小时装船能力1000吨。公司总经理鲁文·席尔瓦亲

罗萨里奥城边帕拉纳河上的码头

　　自带我们参观了厂区，庞大的加工库房被蒸汽笼罩，其规模令人叹为观止。站在公司的码头上，他指着一艘即将起运亚洲的货船对我说："中国市场容量是我们当时设计产能的重要参考。"这位阿根廷经理人对中阿农业合作的前景充满期待。他认为，阿根廷在大规模农产品加工方面拥有成熟先进的生产线和控制管理系统，可以为中国提供技术服务，提升两国农业贸易的附加值。

　　科技创新是阿根廷农业另一大核心竞争力。阿根廷是较早把生物科技特别是基因技术运用于农业生产的发展中国家，很多科技成果都走在世界前列。罗萨里奥之行，我专门拜访了阿根廷塞雷斯生物科技公司（BIOCERES），它发展壮大的历程，集中体现了阿根廷在农业

叶书宏采访塞雷斯生物科技公司
首席技术官。

科技研发方面的创新活力。

　　阿根廷从 1996 年开始种植转基因作物，当时种子来源主要被外国公司垄断。2001 年，21 个罗萨里奥豆农在"成本共担，成果共享"的原则基础上，合作组建塞雷斯生物科技公司开发转基因种子。2003年，阿根廷政府向塞雷斯公司免费提供土地用于兴建技术研发中心。2004 年，阿根廷国家科学技术研究理事会（CONICET）开始以"公私联营体"方式推动产学合作：塞雷斯生物科技与国家科学技术研究理事会、利托拉尔国立大学共同研发转基因作物。经过近十年的努力，利托拉尔国立大学生物化学家拉克尔·常和她领导的研究小组从向日

叶书宏在帕拉纳河的渔船上与
当地渔民交谈。

葵中成功锁定 HAHB4 抗旱抗盐碱基因，并转移至其他作物后试种成功。经过长达数年的田野实验和数据收集，这一转基因技术最终获得阿根廷政府生物安全部门批准，开始进行市场化种植，阿根廷由此成为种植自主研发转基因作物的发展中国家。

教育和人文交流：
联通阿根廷与中国的桥梁

贡萨洛·托尔蒂尼
[任职于阿根廷教育部国际司，同时担任拉美中国政治经济研究中心（CLEPEC）
教育部主任、阿根廷留华留学生会（ADEBAC）联合创始人兼会长]

人与人之间的意愿和联合所取得的成就，让我钦佩不已。我认为，人与人之间如果没有关系就无法产生联合，而没有相互了解就无法产生关系。当然，产生关系的方式不拘一格，比如有些关系是建立在偏见或无知的基础上的，因此，我觉得两国人民之间的理解要涵盖互相认知、互相交流、机会均等、百家争鸣等方面。

我在布宜诺斯艾利斯的拉美社会科学院（FLACSO）攻读国际关系和谈判专业的硕士研究生时，拜读了亨利·基辛格的《论中国》。毫无疑问，这本书谈到了中国人的坚韧和毅力，突出了他们的耐性和凝聚力。我对此书有赞同之处，亦有保留意见。读研期间，我的学术兴趣引领我一天天地更加深入中国的社会、政治和经济层面。然而，有些方面却让我觉得不尽如人意：中国的声音在西方国际关系的发展中是完全缺席的。也就是说，有一方在"关系"中是缺席的。这已经不是某所大学可探讨的问题，而是两种文化之间的巨大疏离。坚忍的中华民族所发出的声音及其经历，在学术圈是缺席的，但我对它的兴趣则与日俱增。

长期以来，我一直负责管理阿根廷教育部的国际项目。阿根廷与中国之间的合作日益扩大，包括奖学金项目、教师和科研人员交流、大学

2016 年 5 月，贡萨洛·托尔蒂尼参观青岛圣元营养食品有限公司。

机构的项目以及语言教学等。这些合作都需要你投入更多的奉献，付出更多的日常耕耘以及具备更为专业的知识。但在阿根廷，中国的声音是缺席的；同样，在中国，拉美的声音也是缺席的。但我坚信，在各个大学、智库、语言中心和非政府组织的积极参与下，两国间加强教育合作是促进两国和地区之间相互理解的关键所在。

在拉美中国政治经济研究中心（CLEPEC）创立之初，我就加入了这个机构。这是拉丁美洲第一个独立的专业智库，其目标是促进中国与拉美地区的政治、商业和学术交流。

我认为，拉美中国政治经济研究中心的成立对于从拉美角度思考并建立和中国的关系是极为重要的。通过促进拉美机构和中国同行之间的

2017 年 8 月，中国驻阿根廷大使馆和阿根廷留华留学生会联合举办欢送会，欢送即将赴华的新一届阿根廷学生。（前排右 5 为中国驻阿根廷使馆文化参赞杨川颖，右 6 为贡萨洛）

关系来增进了解，是非常有必要的。我们相信，要想让两国关系更上一层楼，就应让尽可能多的人去了解中国，和中央及地方政府、政党、商会、大学、媒体等建立联系。在我负责的增进两国了解的项目中，我肩负的使命是从民间角度发展两国间的教育联系。

在我看来，这种亟须建立的互识并非什么宏大抽象的命题，也不是什么复杂高深的哲学理论。我认为，需要有一个具体计划来实现这一目标，需要让那些中间机构和民众积极参与进来。虽然大部分拉美人在认识和了解中国现状、语言、习俗以及经济、政治和社会等方面取得了巨大进步，但我认为仍然是不足的。反之，中国人对拉美的了解也是极其欠缺的。

2015 年初，机会终于来了。中国驻阿根廷大使馆首次向阿根廷教育部提供了一份卓越青年奖学金，获得该奖学金的官员可以到一流的中国大学接受培训。由于我专门从事对华教育方面的工作且我本人对此很有兴趣，再加上其他原因，让我成为接受这个挑战的最佳人选。时任教育部长签字，批准了我的申请。于是，在经历一系列繁琐的手续和一些必要的步骤之后，我被中国卓越青年计划下的国际经济合作硕士项目录取。

人们常说，生活其实就是期望。我去北京之前的一个月，正是对这句话最好的诠释：要做好准备迎接挑战，要将负责的事情进行交接，同时又要承担新的责任，要告别，要重新调整一些项目，但主要问题还是那种迎面袭来的不确定性。凡此种种，酿成了一杯我尝过的最美味的鸡尾酒。带着酒意产生的微醺，我开启了前往地球最远一端的旅程。

布宜诺斯艾利斯距离北京 19255 公里，这让两座城市成为地球上相隔最遥远的首都。在地理学上，对跖点指的是地球表面的一个端点，该端点与它所在的地球直径的另一个端点相对立。阿根廷大部分地区的对跖点都位于中国。2015 年 8 月 29 日，星期六，早上 6 点，我终于第一次抵达了我的世界的对跖点。期待开始变成现实，我感到一种重大的个人责任，那就是好好工作，去真实地认识这个接待我的伟大国度，从而让中国与阿根廷的合作产生真正的改变。

如果要我对在中国生活的那一年进行描述，无疑是一项超出我表达能力的任务。讲述那些感悟和经历、完成的学习、建立的关系、获得的成就或克服的困难，并不是我撰写这篇文章的目的。多年来，我一直在举办各种讲座，参加国际培训会议。我经常强调，交流应该通过集体合作来完成，交流绝不仅仅是个人成长、专业成长或用来获取技术和语言工具的手段——尽管这些也非常有价值、非常重要。我在阿根廷很多省份的大学里不止一次地强调国际教育合作带来的社会机会，但我们也不得不考虑到个人责任。有时，当我解释资助这些国际交流基金的来源是

贡萨洛（左1）和各国朋友一起参观浙江绍兴的企业。

集体努力的结果时，我的言语甚至可能有些刺耳，但我主要还是想表明这些交流在其他人身上产生的影响是怎样的，以及他们获得的机会是前辈们集体努力的成果。所有这些我坚持过的东西，现在都沉甸甸地落在我的肩上。

一般来说，阅历是非常难以传递的，因此我应当做的是集中精力获取知识，以及获取必要的经济、社会、文化、政治和学术工具。此外，我还要努力进一步发展机构间的联系，目的是让其他人也有机会获得这种体验，从而产生一种集体性认识。我将这视为推进合作的唯一方法，也是增进两国理解的关键所在。

对外经济贸易大学组织的国际经济合作项目与我的目标相符。整整一年密集的理论和实践培训、专业经历和实地考察，给我的知识储备留下了重要的印记。一方面，大学的课程深入研究了中国历史、经济、政治、国际贸易等诸多重要课题。另一方面，该项目寻求的是对知识的实践探索。除了对北京及其周边地区的常规参观外，我们还多次赴中国其他省份考察公司、政府机构、大学等组织。我们去过天津、青岛、绍兴、义乌、杭州等对中国发展有重要意义的城市，这些参观经历是理解中国与国际接轨的不同方面的关键所在。通过令人振奋的谈话，来自不同城市的官员、学者和商人用极大的善意和慷慨给我们展示了他们的视角，为我们打开了他们所在机构的大门。

除了对外经济贸易大学的组织领导外，组成该项目的团队成员也让这次经历更为丰富多彩。团队由来自不同国家、不同学科的青年领袖组成，主要来自与中国建立战略伙伴关系的亚洲和非洲国家。来自巴基斯坦、乌兹别克斯坦、老挝、肯尼亚和尼日利亚等国的官员、青年领袖、学者和企业家，成了我的好朋友。

在北京生活也使我得以继续推进几个合作项目，其中很多项目在接下来的几年里都产生了很大影响——既有对个人的影响，也有对两国合作的影响。我得以与许多中国同事和朋友一起开工作会议，共进晚餐，度过了很多愉快的时光。他们分别来自中华全国青年联合会、中国教育部、中国留学基金委、中国社会科学院拉丁美洲研究所、中拉青年学术共同体（CECLA）、上海对外文化交流协会和一些大学。我们齐心协力，精诚合作，出色地完成了很多项目。令我赞不绝口的并非中国同事那种奉献精神和出色的工作（因为这些我早已了解），而是他们面对工作的热情、智慧、坚韧和远见。对我而言，亲身在工作中感受这一切算得上是一次真正的跨文化工作经历。当然，居住在中国的阿根廷人社区也给予了我无与伦比的支持。其中，阿根廷驻华大使馆的工作人员所作的贡献是巨大的。

对任何一个渴望了解中国的人来说，中国都是一个绝佳的旅游目的地。留学中国期间，我抓住机会，游览了一些标志性和历史性的城市和景点。我从上海开始游览，一直到香港；不论你游历的是小城镇或是大城市，你总会萌生一种需要旧地重游的感觉，总会期待再次回到这里以了解更多的东西。在中国，遍地都是惊喜，每到一个新的地点就会带给你新的惊喜。居民的热情好客让人们之间的交流困难不再是一种障碍。中国几千年的历史、辽阔的地域、古代和当代、传统和现代，所有的这一切以一种极为特殊的方式融合在一起，产生了亚里士多德式悖论：越深入她的文化，我就越感受到自己的无知。然而，这种现象在中国一直发生着，所以，那些你自以为已经掌握的知识，其实每时每刻都在经受考验。

告别中国回到阿根廷对我来说并不容易，但所幸我深知我与中国的联系已经建立，而且很快我就会再次踏上亚洲的土地。反向的文化冲击也存在，持续的学习让位于日常生活的回归，尽管我们每个人引入自己地盘的常识性知识永远不尽相同。坚信自己有责任为加强阿中关系作出贡献，这种信念使得回程变成了新的挑战。我是第一个拿到中国政府卓越青年计划奖学金的人，中国政府和阿根廷政府寄予在我身上的期望和投资赋予我一份我愿意去承担的责任。

在阿根廷，我继续推进与中国在教育交流、语言和大学关系方面的合作。2017 年 5 月，我们就教育交流签署了新的谅解备忘录，大幅增加了奖学金名额，制定了语言服务计划，促进了大学合作、技术援助和信息交流。签署该备忘录是因为要续签过期的 2004 年协议，也是为了履行 2014 年联合行动计划，该计划要求签署新的备忘录。一项如此重要的外交政策得以延续，的确可喜可贺。

我还参加了两国之间的足球合作。两国在体育方面的发展潜力是高度互补的，它与教育一样，会为相关各方带来好处。此外，我认为，加强两国关系应得到学术层面的支持，因此我加入了阿根廷二月三日国立

2018 年 2 月，阿根廷留华留学生会和中国驻阿根廷大使馆及布宜诺斯艾利斯大学哲学系联合举办第一届"留学在中国"活动，130 多人参会。

大学亚太研究中心，成为一名研究员。

2017 年，我与一群在中国留过学的阿根廷人一起创建了阿根廷留华留学生会（ADEBAC）。这个协会有两个主要目标，一是为了加强已有的 100 多名成员之间的联系，鼓励他们重新进入商业、学术或政府领域。我们组织了一系列活动，用来分享经验以及获得的知识，推动联合项目和倡议。协会建立后不久，会员们就积极展开各项活动，还接待并组织了中国留学基金委等机构的访问。协会还与多家公司和基金会达成了就业机会传播协议，建立了互帮互助的专家网络，为在中国和阿根廷的交流生提供了新的奖学金机会，以便他们能够继续学习和研究。

另一个目标就是促进更多的阿根廷人有机会前往中国学习，拥有一种美好的经历。我们自认为是再合适不过的人选，因此创建了"中国学习计划"。我们相信，让所有感兴趣的人参与进来，传播学习机会，让更多的阿根廷人了解并真正体验中国文化，是促进两国关系发展的唯一途径。我们也希望接待前来阿根廷学习的中国人；现在来的人还非常少，我们希望合作开发这个领域。2018 年，我们与中国驻阿根廷大使馆、布宜诺斯艾利斯大学文哲系联合组织了第一场"留学在中国"会议。130 名青年学生参加，超出了所有人的预期。

2017 年 7 月，在布宜诺斯艾利斯待了一年之后，我回了一趟中国。我重返那几座曾经扩大了我的社会视野的城市，这些城市曾经让我对我最深刻的看法——联合起来的人们能够实现什么——产生了质疑。尽管不同文化之间的隔阂可以用常识来补足，但我还是觉得，去年在中国的时光不仅转瞬即逝，而且丝毫没有缓解我对它的陌生感。我回到了中国，感觉仿佛我从未去过，带着和当年一样的天真，依旧渴望感受惊喜。面对无限新鲜事物的毫无把握，促使我想要越来越多地了解中国。任何一件事情都会因为执行者的不同而发生变化。我第一次去中国时孤身一人，只关注沟通差异带给我的困难，关注这个向我开放的世界。第二次去中国，我是和很多拉美人以及讲西班牙语的中国人一起，这从根本上改变了我的认知方式。不管怎么说，语言不是最大的障碍，重要的是共享经验和阅历，这是第二次去中国令我印象特别深刻的一点。

2015 年，中国国家主席习近平在中国—拉共体论坛上宣布启动针对中拉青年领导人交流的"未来之桥"倡议。该项目由中华全国青年联合会执行。作为该机构的合作者，拉美中国政治经济研究中心每年为上百名年轻人组成的代表团筛选并推荐重要人选。和这么多不同学科的青年才俊一起回到中国是一次振奋人心的经历，他们每个人的个性特质让每时每刻都成为一种有趣的回忆。同时，代表团之间也达成了共识，认为一个团结的拉美是非常重要的。这给了我信心，让我相信我们这片土地的潜力。

其间，我们游览了北京、徐州、南京和上海，参加了由中拉青年学术共同体组织的"中拉青年学者对话"和第四届中拉青年政治家论坛。论坛期间，我特别介绍了拉美中国政治经济研究中心，介绍了我们一直在开展的各项活动以及面临的挑战。

2017 年 11 月，我作为由拉美中国政治经济研究中心组织的专家和企业代表团的成员，第三次来到中国，参加了在广东珠海举办的中拉国际博览会。我们还有幸参加了广东横琴中拉经贸合作园的落成典礼。拉美是"21 世纪海上丝绸之路"的自然延伸，它能成为珠海地区发展的见证者，意味着两国经济存在着巨大的互补机遇。一艘渡轮载着我们，沿着珠江一直驶往香港。站在船上，我的视线迷失在一座 50 公里外的建筑物中。望着如此伟大的工程，我不禁感慨人们为搭建联系而投入的巨大努力和无穷知识，这也使我再次确定构建文化之间的桥梁、通过沟通来连接各地的重要意义。地理距离不是障碍，而是激发学习的理由。

无论我在中国的生活经历，还是我在阿根廷的工作经历，都证实了我在本文开头提到的那种需求：我们需要学习，需要了解自我，需要相互理解，需要鼓励他人对这种有利于双方的交流产生兴趣。显然，建立任何一种关系都需要倾听至少两种声音，所以，至关重要的是我们要加倍努力，以增进相互理解。

有时候，仅靠语言是远远不够的，我们必须超越他人的转述，通过自身经历去感悟、去理解。正如孔子所言："闻之我也野，视之我也饶，行之我也明。"

我为中阿两国搭建信息之桥

黄琪旺
（"华人头条"创始人兼首席执行官、世界福建青年联会副会长、阿根廷华人
企业家协会副主席）

"华人头条"创办人——黄琪旺

　　1999 年，我从中国著名侨乡——福建省福清市远渡重洋，来到阿根廷首都布宜诺斯艾利斯经商，走过了一段难忘的日子。曾有记者问我，怎么描述在阿根廷的这段创业历程，我脱口而出"重生"二字。在这里，我经受了生死考验，三观改变，从追逐个人发财的梦想中醒来，选择了为更多人服务的全新道路：创办华人头条，打造国际化新媒体传播平台，为阿根廷乃至全球与自己同命运的华侨华人架设心灵相通的桥梁。

感恩：第二故乡的点滴温暖

刚到阿根廷时，我身体严重透支，下班路上，经常一挨椅子靠背就能睡着，这是因为白天长时间、高强度工作，晚上又要争分夺秒地学习西班牙语。有一次我睡过头了，迷迷糊糊下车后，发现夜已深，街上万籁俱寂，令人心生恐惧。我万分焦急：如此陌生地方，若无人指路，自己如何能走回去？

就在我茫然无助之时，一个卖零食的阿根廷中年男子向我走来。我像遇见救星一样，急忙用自己刚刚学会的简单的西班牙语，拼凑着描述自己要去的地方。这位卖零食的先生拍拍我的肩膀，点头表示明白我的意思，而后徒步送我到住处。告别前，他说："这盒巧克力送给您，一切都会好起来的，朋友！"

这位阿根廷朋友的祝福很快应验了。经过艰苦的打拼，我用累积的资金在当地开了第一家超市。我的超市因为用心服务、诚信经营而获得业界良好口碑。然而，正当我的事业蒸蒸日上之时，却遭到同行恶意举报，超市面临被查封的危险。

我单枪匹马来到当地工商部门，发现自己并不认识谁，甚至不知道该找谁申诉。在门口徘徊了两圈之后，我看到一位穿着制服的工作人员走来，便急忙拦住他，将手里的情况说明书递给他，双手合十恳请他帮忙。

我的唐突并没有引起他的反感。令我没想到的是，他正好就是这里的负责人。更超出我意料之外的是，他看完我的申诉材料后，一再跟我道歉："你们中国人来阿根廷创业不容易，我们理应给予最大的支持和帮助。是我们做得不好，请原谅！"有了他的热心帮助，我的超市也很快化险为夷了。

世间多磨难，创业更坎坷。2001年底，阿根廷爆发经济危机，许多商店被抢，不少华人商超也未能幸免。当时，我和我的伙伴一人端着一把枪，守着店里的门窗，才避免了财产损失。

然而，在随后的一次进货途中，我遭到了暴徒枪击，身中两弹，在布宜诺斯艾利斯多家医院的接力抢救下才保住了性命。我万分感激阿根廷医生将我从死神那里救了回来，给了我第二次生命。

枪击事件后，我在很长一段时间里都感到身体极度虚弱。多亏我的阿根廷邻居胡安·卡洛斯给了我悉心的照顾，我才逐渐好转起来。胡安·卡洛斯是一名出租车司机，为人热情，讲义气、敢担当。我初到当地，语言不通，衣食住行，样样都得问他。我给他取了个绰号，叫"翻译官"。他善解人意，知道我在异国他乡创业不易，经常鼓励我，见了面也总是给我打气："嗨，阿旺，我看你是个有韧劲的男人，总有一天会展翅腾飞的啦！"

"胡安·卡洛斯，你果然独具慧眼！"我听了总是心情大好，也不忘同他一块打趣。

然而，祸不单行。这场风暴后，阿根廷货币贬值，经济紧缩，华人超市面临巨大挑战，很多人关闭超市、变卖家产，离开了阿根廷。我的超市也面临许多困难，何去何从，让我陷入艰难抉择之中。

就在"山重水复疑无路"之时，还是胡安·卡洛斯慷慨解囊，全力扶持我，让我顿感"柳暗花明又一村"。这份跨国情谊让我默默认定，要和他做一辈子兄弟。

在阿根廷，我遇到无数这样的帮助，生出无数次的感动。正因为有如此深厚的情缘，才让我深深地爱上了这片土地。我也把阿根廷当作我的第二故乡、事业腾飞的福地——我不断累积投资，办起了10家品牌连锁超市。

转型：诞生于阿根廷的"华人头条"

阿根廷人爱音乐、爱探戈、爱马黛茶，天生乐观，与人友善，跟他们打交道日子久了，我也深深地被感染，再加上福清人吃苦耐劳、一拼到底的性格，使我拥有一颗乐观而不"安分"的心。

2004年，在超市业的鼎盛时期，我毅然决定将这些年积累的资金投入批发行业，收购了拥有70多年历史的阿根廷华金食品批发公司（EL GAUCHITO）。这是我"跨界"经营的初次尝试。经过持续不懈的努力，华金公司的客户增长了10倍。

随着公司业务量的不断增加，传统管理方式已难以满足需求。为此，我开始寻求转为电子信息管理的方式。经市场调查，我发现当地管理软件的报价高得令人咋舌，便决定在软件业相对发达的家乡组建研发团队。2009年，我在家乡福清市成立了福建可比信息技术有限公司，并很快拥有了企业信息化系统等21项软件的著作权。

从此，我的公司的每件商品从点单、打单到出单、入单、配送全部实现了信息化管理，甚至收款、采购、财务账目等都在同一个平台，一目了然，不仅优化了流程，节约了人工，还大大地提高了运作效率。

两次"跨界"成功，推动我的事业发展进入了快车道。但此时，我的内心却没有因为腰包的鼓胀而充实。回望创业历程，我深感作为海外华侨华人，由于语言差异、交流不畅、信息闭塞，导致熟悉和融入当地社会困难重重。这可以说是每一位海外游子的心头之痛。

众所周知，中阿两国皆为礼仪之邦，但由于两国人民长期缺乏有效的信息沟通，造成旅阿侨胞不时与当地百姓发生各种误会等，影响了彼此的友谊，干扰了当地社会的安定。为此，我感到自己作为一名侨领和受惠于这块土地的华侨，不能仅仅沉迷于个人的发财梦，必须为华侨与驻在国的信息沟通做点事情。

2016 年 12 月 6 日，"华人头条"在福州举办
海外华文媒体"转型升级·融合发展"座谈会。

经过一段时日的定心探究，我发现大多数海外华文媒体还停留在报纸、杂志等传统介质层面，而且因为受众面窄、发行量小、成本高，大都是周报、月刊，信息发布相对滞后，难以满足华侨华人的需求。为此，我决定为海外华侨华人搭建一个方便快捷的信息平台，让大家避免因信息获取不及时而遭受损失。

说干就干。2014 年 12 月，我在原有的福建可比信息技术有限公司内组建技术团队，开始研发"华人头条"。2015 年 5 月，"华人头条"在阿根廷首发上线，为当地华侨华人打造了第一个新媒体综合资讯平台，同时也为中阿两国人民民心相通架起一座新的桥梁。

以侨为桥，为侨搭桥。在阿根廷建立"华人头条"首个站点后，我们组建专门的团队做当地的新闻资讯，积极参与到当地侨胞关心的热点、焦点问题中去，给他们答疑解惑，做他们的"贴心人"。

"华人头条"阿根廷站欢迎来访的广州市政协代表团。

　　2017 年 12 月 30 日，阿根廷即将修改《移民法》的消息传出，引起旅阿同胞的恐慌。"华人头条"阿根廷站点及时将传言通报给布宜诺斯艾利斯市华人议员袁建平。在袁议员的引荐下，我们联系到阿根廷移民局局长奥拉西奥·加西亚，并很快做了一篇富有针对性的专访《阿根廷移民局长辟谣关于朋友圈疯传修改移民法的造谣文章》，让谣言"飞"不起来。事后统计，"华人头条"专访文章的阅读量高达 21 万，超过了旅阿华侨华人的总人数。不少旅阿侨胞表示："局长亲自出来辟谣，谣言不攻自破。"

　　在阿根廷，华人的生活和创业经常受到不确定因素的干扰。2018 年 4 月，世界第二大国际化零售连锁集团家乐福向阿根廷劳工部申请启动危机预防程序，声称他们正在经历连续三年的巨额损失，并公开指责是华人超市的不公平竞争导致了这场危机。

2017 年 9 月 11 日，黄琪旺参加在福州举办的第九届世界华文传媒论坛并作主题发言。

　　我们看到这一不实的报道后，迅速采访了当地有关部门官员，讲述华侨华人奉公守法的生动故事和对当地税收增长的巨大贡献；组织了街头随机访谈，用许多阿根廷消费者对华人超市的客观评价，改变当地舆论生态，维护华侨华人商誉，得到了当地华侨华人和中国驻阿根廷大使馆的认同和赞许。

追求：有华人的地方就有"华人头条"

　　"河山只在我梦里，祖国已多年未亲近，可是不管怎样也改变不了我的中国心……"我在阿根廷经常唱张明敏的这首《我的中国心》。在我身边，有很多跟我一样爱唱这首歌的人。我们在异乡漂泊，为生存、为梦想而拼搏的时候，越是遇到困难、感到无奈的时候，越是思念家

2016年12月6日下午，福建侨梦苑"万侨创新"发展论坛在福州成功举办。图为"华人头条"董事长黄琪旺作主题演讲。

乡亲人；越是遭遇不平、感到委屈的时候，越是期盼祖国繁荣富强。而每当我们泪流满面，并不仅仅是因为抑制不住的浓浓乡愁，更是源自溢出心间的"家国情怀"。

说实在话，我做"华人头条"的初衷，只是为了消除阿根廷17万华侨华人心中的诸多痛点，但我越做越觉得这个平台可以承载更多的东西，越做越觉得它不是我一个人的事业，也不是阿根廷华侨华人的事业，而是如我一般散落在全球200多个国家和地区的6700万华侨华人的共同事业。

于是，我们把目光投向阿根廷以外的所有华侨华人集聚的国家和地区，以"总部做技术研发和渠道分发，站点做信息服务和落地推广"的分工协作模式，与各国华文媒体、华侨华人社团、留学生组织、华文教育机构、著名侨领开展共赢合作。迄今为止，我们已经在全球46个国家设立了66个站点，拥有APP、PC、微网和微信小程序四大传播平台，实现与微信、微博、推特、脸书等社交平台无缝链接，达成频道模块定制化、多语言切换及站点信息交换智能化，以汉语、英语、俄语、法语、西班牙语、葡萄牙语六种语言传播，用户量已突破 3000 万，其中海外用户占比达 80% 以上。

"华人头条"的每个站点，都是一个内容丰富的新媒体平台。目前66 个传播站点及与 100 多家海外华文媒体的紧密合作，使"华人头条"在短短三年时间内发展成为全球化媒体矩阵和海外华文新媒体的重要平台。但无论发展到哪里，为侨服务是我们永远不变的宗旨。

我们在学习和领悟习近平主席重要讲话中深刻认识到，"一带一路"秉持"共商、共建、共享"原则，这一倡议不是封闭的，而是开放包容的；不是中国一家的独奏，而是沿线国家的合唱。

"华人头条"也愿意搭建一个开放包容的平台，海内外华文媒体都可以成为我们的合作伙伴，大家共同为全球华侨华人服务。同时，我更愿意借助新技术力量，发挥大数据、云计算、人工智能等的作用，将"华人头条"打造成一个多层次、立体化的新媒体综合信息服务平台，为"一带一路"伟大事业不断扩大国际朋友圈作出力所能及的贡献，努力做"人类命运共同体"理念在全球传播的践行者。

为此，我们计划三年内在海外 100 多个国家和地区设立 200 个传播站点，确保用户超过 5000 万，努力实现"有华人的地方就有'华人头条'"这一愿景。

这是我——一名普通阿根廷侨民的梦想和奋斗目标！

中国拉美研究新一代

郭存海
[中国社会科学院拉丁美洲研究所社会文化研究室主任、阿根廷研究中心执行主任，中拉青年学术共同体（CECLA）联合发起人兼负责人]

十多年前，中国的拉美研究，正如一位前辈所言，是一个"没有鲜花（无人关注）、没有掌声（无人喝彩）、没有爱情（无人喜爱）"的所在。中国古谚有云，"三十年河东，三十年河西"；而在全球化时代，瞬息万变，更可谓"十年河东，十年河西"。十年弹指一挥间，中国的拉美研究，已然成为一个越来越热的新兴研究领域。而我和拉美的邂逅、生情，则见证了中国拉美研究的新一代力量的勃兴。

我是拉美研究领地的闯入者。2002 年，适值伊拉克上空风雨欲来，我满怀"激扬文字，指点中东"之志，从河南老家北上赴京，欲投至中国社会科学院西亚非洲研究所张晓东门下攻读中东方向研究生。可惜机缘不巧，张老师等人正南下江西出游。无奈之下，悻悻欲归。不经意间，我发现同一个大院的拉丁美洲研究所在侧，就进去寻个方便。在空荡荡的二楼，我巧遇当时已属拉美研究之翘楚的袁东振老师。那次邂逅，我和袁师可谓一见如故，相谈甚欢。那次谈话也是我人生的第一堂拉美课。袁师平易近人，待人真诚，给我以亦师亦友之美好。这种美好更促我决意改弦易张，转投他门下攻读拉美研究。

当时，拉美研究尚属冷门，专业性的拉美研究机构寥寥，培养拉美研究人才的高校或科研机构更是屈指可数。同样一个真切的现实是，开设西班牙语专业的大学仍相对较少，也没有面向大学生的拉美课程。拉美之于国人，甚至专业人士，都是一个遥远的陌生的存在——比如有人甚至误以为"特立尼达和多巴哥"是两个国家。因此，可以理解当时我的拉美知识如何少得可怜：仅限于中学时代地理课本上有关南北美洲的介绍。那时的阿根廷之于我，虽然依然有探戈，有足球，有美丽的潘帕斯大草原，但也只是一个带着面纱的姑娘、一种模糊的印象。

下定决心后，我便开始备考，为此，我不得不搜罗一切跟拉美相关的书籍来读。一年后，虽有波折，但最终得偿所愿，我进入中国社会科学院研究生院拉美研究系，正式开始我的"发现拉丁美洲研究"之旅。借此，我得以窥见中国拉美研究开拓者的困境和尴尬，其中最令我震撼的有三。一则，老一辈学者多外语出身，缺乏专业知识，因此很长一个时期"研究"就是翻译或编译。二则，研究渠道可谓"闭门造文"，堪慰的是文献获取渠道在读书、看报、阅刊之外新增了更快捷的上网一途。三则，有学者研究拉美或某个对象国一辈子，却从未踏上那片土地！诚然如此，但其时，中国同拉美之间已然发生了一场静悄悄的"革命"。比如，2004 年 11 月，时任国家主席胡锦涛访问拉美四国，可谓震撼世界的"大事件"：巴西、阿根廷、智利和秘鲁宣布承认中国的市场经济地位，同时中智启动自由贸易谈判。这预示着中国同这个地区的经济联系要发力。

在研究生院的三年，可以说是我人生中最快乐的时光之一，因为"什么都可以想，什么都可以不想，便觉得是个自由的人"。不过，我想得最多的是我终于有了"自由"的时间，可以充分地阅读。那时我最想读、也读得最多的是关于阿根廷的作品——因为一种巨大的、强烈的"探奇"和"探险"欲望。虽然 2003 年我读研究生时阿根廷已经开始走出经济危机的阴霾，但当时对阿根廷这场震惊世界的危机的反思正盛：近百年间，阿根廷何以成为世界上唯一一个从发达国家坠入发展中国家之列的

"谜之国"——毕竟"上帝也是阿根廷人"啊。我决心一探究竟，就决定从政党治理角度分析阿根廷危机的根源，并以此作为我的硕士研究生毕业论文的研究对象。这让我开始与阿根廷有了遥远而亲密的接触，也让我对阿根廷怀有了一种极其复杂的感情：怜其不幸，怒其不争。

2006 年研究生毕业后，我选择留在中国社会科学院拉丁美洲研究所从事研究工作——虽然那时的拉美研究"钱"途黯淡、前路未知，但我还是让心做主，因为三年的学习已经让我深深地爱上了那片远方的土地。况且，对于那个"阿根廷之谜"，我还没有找到令自己满意的解释。这个时期，随着网络技术愈加发达，资讯获取的便利性可以让更多的人开眼看世界，偏远一隅的拉美大陆也越来越多地进入中国人的视野。但中国人对拉美的关注并非源于拉美本身，而确是源于中国和拉美越来越密切的联系，拉美元素现身中国人的生活。中国走近拉美已从 20 世纪60 年代的革命需求转变为更加务实的、以经济为主导的发展需求。这集中体现在 2008 年 11 月中国政府发布的第一份"中国对拉政策白皮书"——《中国对拉丁美洲和加勒比政策文件》中。而反映到细微的人文交流层面，已经可以感受到这种变化的效应了：越来越多的西班牙语专业学生和拉美研究青年学者开始到拉美而非传统的西班牙做交换或者访学。

2012 年，初涉拉美研究九年之后，我才第一次踏上拉美的土地，感受那份遥远的真实。很长一个时期，我的内心一直惴惴不安，那是源于我的研究与作为很难让自己有一种"脚踏实地"的感觉。毛主席说，"没有调查就没有发言权。"诚哉斯言！没有接触，就很难真正了解，亦愈加难以理解。但我竟在这种"没有发言权"的状态下发言了九年。不过，从 2012 年开始，我和拉美、和拉美研究的关系发生了质的变化。正是从那一年开始，因为亲密接触遥远的大陆，让我更加热爱那片土地，更加热爱那里的人民，更加喜欢了解、研究和传播关于拉美的一切，也让我有了越来越多的拉美朋友。一如我的渴望，他们同样渴望了解遥远的东方。在彼此的关切里，在彼此的注视里，彼此遥远的陌生人成了朋友，有了互动和越来越多的共鸣。

2012 年在墨西哥国立自治大学（UNAM）做访问学者的体验于我而言是完全不完美的，或曰"往事不堪回首"。我曾经搜罗很多词语，力求准确概括那一年的经历，到头来发现，最能反映我心境的只有"命途多舛"，因为很长时间里我在墨城一直"居无定所"。诚然如此，我仍心怀感激，因为那些日子里个别的人（比如我的墨西哥妈妈）给我的一抹美好。这次不完美的游学的最完美之处，不是学术本身，而是这种亲历带给我的震撼和内心学术精神的转变！所谓学术研究，应当是研究主体施加于研究客体，而又反过来影响研究主体的能动过程，是谓研究主体客体化，研究客体主体化——让你的研究对象参与你的研究。简而言之，一个真正的研究者，必须是一个热爱他／她的研究对象的人。正如我最敬佩的索飒女士那样——"把我的心染'棕'"。

尽管不堪回首种种周折，我仍然渴望亲近那片遥远的土地。在随后的时间里，我相继访问了巴西、哥斯达黎加、智利、阿根廷、秘鲁等国。其中，给我震撼最大并深刻地影响了我的是 2014 年访问智利和阿根廷——它改变了我的学术道路。那年，我随中国学术代表团远赴智利参加由安德烈斯·贝略大学（UNAB）拉丁美洲中国研究中心承办的第三届中拉学术高层论坛。本届会议的议题是"中国和拉丁美洲：相互认知和理解"。这是首次将如此基础而又如此重要的议题纳入高端交流平台。事实上，这种对基础性认知的关注来得虽然有些迟，但还不算太晚。过去很长一段时间里，中国对拉美的认识一直没有摆脱中国社会科学院前副院长李慎之先生的著名论断——"我们现在对拉丁美洲也还是抽象的概念多于具体的知识，模糊的印象多于确切的体验"。

因此，对阿根廷的访问就完全可以称得上是一种佐证、一种真的"震撼"了——虽然它"震"到的是别人，却因此真切地"撼"到了我。尽管 2014 年是我第一次访问阿根廷，但因为长期保持对阿根廷的遥远关注，我亲眼见到的阿根廷和无数次入我梦的阿根廷没有太大的异样，反倒是同行的北京师范大学新兴市场研究院院长胡必亮教授真的被"震"到了。胡教授虽是发展经济学专家，但有长期在欧美工作和生活的经历，这是他第一次访问阿根廷，也是第一次到达拉美。漫步在布宜诺斯艾利斯的大街上，他毫不遮掩他的惊讶：布宜诺斯艾利斯拥有明显的"欧洲范儿"和"贵族范儿"；"英雄当年"抑或"想当年老子也富过"踪迹可察，甚至仍然可以处处窥见阿根廷不可阻遏的发展潜力。胡教授的这种震撼着实让我吃惊。在我的想象里，他作为一个游历世界的大学者，内心可谓已经平淡如水，淡定如初，是一个见到任何大风大浪都不太可能会泛起涟漪的人。不过，他后一种"震撼"的确彰显出一个发展经济学家的深邃和穿透力。也正是那一次，我从阿根廷工商银行基金会图书馆里随手翻阅的一本书——目前已更新至第 15 版的《阿根廷经济和人文地理》（*La Argentina Geografía económica y humana*）里，发现长达近 600 页的论述之后得出的简单而坚定的结论："阿根廷：未来之国"。

李慎之先生评价国人对拉美的认知的话，用于评价拉美人对中国的认识，亦然不谬。事实上，这次亲历给我带来的两种强烈感受可以佐证上述论断。其一，无论拉美的学者还是普通民众，对中国有着超乎想象的了解的渴望。他们对中国的兴趣不仅让第一次去拉美的中国学者为之惊讶，也超出多次去过拉美的中国学者的想象。其二，尽管了解中国的渴望非常强烈，但无论从认知渠道还是对中国的认知本身都相对有限和模糊。网络传播的便捷性和现代人对网络的依赖推动更多的拉美人通过网络了解和认识中国，但很多情况下，更多依赖西方媒体信源的拉美媒体并没有将一个全面的中国传递给受众。

回京后，一种强烈的念头不停地击打着我：应该建设一个供中拉学者交互研究、交互传播和直接对话的平台！是时，将于2015年1月8—9日在北京举行第一届中国—拉共体首届部长级会议的消息已经得到官方确认，而此前提议的《中国与拉美和加勒比国家合作规划（2015—2019）》已现雏形。这意味着未来一个时期，中国和拉美将发生更加密切的联系，人文交流与互动亦将更为频繁。我将这种想法跟在京的拉美朋友和圈内好友和盘托出，没想到引起了他们莫大的共鸣：不仅恰逢其时，而且极其必要。经过一番工作，"中拉青年学术共同体"（CECLA，Comunidad de Estudios Chinos y Latinoamericanos）这个名字最终被敲定下来。CECLA 的西班牙语原文里没有"青年"之义，但在中文名称里我们特意增加了"青年"二字，因为我们的发起人都是青年人，且深信中拉关系的未来在青年，中国研究和拉美研究的未来在新一代。当然，更重要的是，青年最有活力、最有动力、最有热情、最有奉献精神——他们的力量就是生长的力量，因此我们秉持"交流、分享、共同成长"的理念。

对 CECLA 来说，2015年4月11日是极具纪念意义的一天：那是我们第一次举办活动，主题是"拉丁美洲的鲁迅——爱德华多·加莱亚诺及其思想"。让我们始料未及的是，就是这样一位拉丁美洲的作家和思想者，竟然引起了各行各业的中国听众的关注，网络报名迅速爆满。更让人意外的是，就在我们举行完活动不久的4月13日，爱德华多·加莱亚诺，这位影响了中国和拉美知识分子的作家与世长辞。但这次活动开启了 CECLA 阅读拉美的大门。在仅仅一年多的时间里，CECLA 就迅速地成长起来。我们在《环球财经》杂志开设 CECLA 集体专栏、发布独立报告、开展文化推广、推动书籍出版，以及举行学术会议等。CECLA 举办的一系列活动引起了广泛的社会关注和影响，这根本上源于越来越多的青年知识分子无私的奉献和公益支持。CECLA 的成长本质上而言并不是源于它自己的力量，而是社会的力量，或者说源于它生长的土壤，即中拉关系的快速发展这一客观现实制造了渴望了解拉美的社会需求。这种需求才是 CECLA 发展的原动力。

一个重要表现是对西班牙语和葡萄牙语人才的需求出现井喷。从 2000 年到 2018 年，全国开设西班牙语专业的院校新增 100 多所，增加了 500% 多；同期，西班牙语专业在校生规模也大幅增加，达到 20000 多人。西班牙语从过去的"小语种"摇身一变成了热门专业，背后正是其良好的就业机会和前景。同期，开设葡萄牙语的大学也增速明显，目前已接近 40 所。另一个表现是近十年来，拉美研究中心的建设急剧扩张，截至 2018 年 10 月，全国拉美研究机构已接近 60 个。但这种大跃进背后难以掩盖一个不容忽视的现实：新设拉美研究机构很多情况下是一两个人在战斗。就全国而言，雨后春笋般跃然而出的拉美研究几成一盘散沙，亟须充分整合，抱团取暖，共同发展。诚然如此，和十年前全国只有三四家拉美研究机构相比，这种拉美中心建设的大跃进已经是一种巨大的进步，或者说，至少是一种令人欣喜的征兆。

和中国的拉美研究相似，拉美的中国研究在双方关系急剧升温的背景下也正方兴未艾。不仅越来越多的拉美青年开始或正在学习汉语，而且对中国研究也发生了浓厚的兴趣，越来越多的拉美青年借助中国政府的各种奖学金计划攻读中国相关问题的硕士和博士，特别是国家汉办新近推出的"孔子新汉学计划"。在此背景下，拉美的高校或研究机构开始设立与中国相关的研究中心或项目。尽管其发展仍需要相当长的时间，但这至少是一个良好的发展趋势，毕竟拉美的中国研究已经在路上。

CECLA 努力将自己建设成一座桥：不仅帮助中国了解拉美，也帮助拉美了解中国；不仅吸引和推动更多的中国青年研究拉美，更推动拉美青年研究中国——让中拉青年被彼此感染、被彼此感动。这其中，不得不提的是总部位于阿根廷的拉丁美洲中国政治经济研究中心（CLEPEC）。这是一个旨在通过学术研究和文化交流增进中拉相互了解和理解的阿根廷青年组织。从一开始，CECLA 就同该组织建立了良

2015 年 11 月 24 日，中国社会科学院阿根廷研究中心成立仪式在北京举行，时任阿根廷驻华大使古斯塔沃·马蒂诺（左）出席并为中心揭牌。

好的关系，因为 CECLA 和 CLEPEC 可谓"情投意合"。事实上，正是这一系列不经意间的关联催生了构建中国阿根廷研究共同体的想法。2015 年 11 月，中国社会科学院拉丁美洲研究所在北京成立阿根廷研究中心，这是中国第一个专门致力于阿根廷研究的学术机构，借以适应中阿关系不断快速发展的客观现实。我受命领衔负责该中心。在阿根廷研究中心成立时，我们邀请 CLEPEC 骨干成员出席成立仪式并与其联合主办了中国—阿根廷关系研讨会。

新成立的阿根廷研究中心的一项重要使命是以开放、共建、共享的精神，吸纳和团结全国研究阿根廷的力量，发展和扩大同阿根廷学术机构的交流与合作，同时支持阿根廷学术机构建立中国研究中心，开展对

2016 年 7 月，郭存海博士和阿根廷驻华大使盖铁戈在中国阿根廷研究共同体成立仪式暨《中国与阿根廷》杂志创刊号发布会上。

等交流和联合研究。为此开启的一项重要行动，是成立中国阿根廷研究共同体。2016 年 7 月 16 日，阿根廷研究中心携手四川大学拉丁美洲研究所、西安外国语大学拉丁美洲研究中心、吉林大学伊比利亚美洲研究中心、上海大学拉丁美洲研究中心、中山大学拉丁美洲研究中心，在北京举行"中国阿根廷研究共同体"成立仪式。六家创始成员以开放、分享和合作的精神共同努力谋求建立阿根廷研究的协调与协作机制，实现人员、资源和文献诸方面的共享，以大幅度增强中国对阿根廷的研究和了解。构建这种协调机制的表现之一，就是创办电子杂志《中国与阿根廷》（*Argenchina*）。成立仪式上正式发布了该杂志的创刊号（印刷版和电子版），并宣布每年举行一次关于中国—阿根廷关系的研讨会暨中国阿根廷研究共同休年度工作会议。

2016 年 7 月，中拉青年学术共同体成员受邀访问拉丁美洲中国政治经济研究中心并做讲座。

　　由此，因为 CECLA 的缘故，中国的阿根廷研究力量开始走到一起；而同时，因为中国阿根廷研究共同体的缘故，阿根廷成为 CECLA 与拉美地区交流最多、联系最密切、合作最广泛的国家。就此而言，CECLA 首先是中国与阿根廷（青年）知识分子联系、交流与合作的桥梁。2016 年 7—8 月间，CECLA 联合发起人、中国西葡拉美文学会秘书长楼宇博士和 CECLA 的两位研究员金晓文、欧占明受邀访问了拉丁美洲中国政治经济研究中心并在那里发表了系列演讲，同时还访问了布宜诺斯艾利斯大学吉诺·赫尔马尼（Gino Germani）研究所和阿根廷平等与增长公共政策研究中心（CIPPEC）等机构。与此同时，CECLA 还不断地开拓同阿根廷其他学术机构的关系，构建阿根廷的中国青年学者网络，以助推阿根廷的中国研究。

　　由此发轫，CECLA 愈发推动青年互动从一国走向整个拉美地区。2016 年 6 月 15 日，CECLA 举办了中拉学术交流史上第一次"中拉青年学者对话"，来自拉美十几个国家的青年学者和中国的青年研究人员在北京敞开彼此的心扉。这是完全由中拉青年学者一手组织、一手策划、一手实施的学术对话，青年知识分子既是会议的组织者、参与者，又是学术对话的主人。这是一种学术交流模式的创新，因为它摒弃了形式主义的会风，而更多地强调平等参与、平等交流，最重要的是它敢于回应问题、直面彼此关切，比如拉美青年担心的"中国经济新常态对中拉经济合作的挑战"，中国青年更在意的"中国故事：如何在拉美被更好地聆听"。青年学术对话并不刻意寻求双方达成共识，目的是倾听彼此，最大程度地寻求同理心和换位思考。可以说，这次对话最有魅力之处，在于彼此表达了己方关切并让对方听到自己的担心或疑虑。

"中拉青年学者对话"的成功举办吸引了中华全国青年联合会的注意。当时，由习近平主席 2014 年倡议的"未来之桥"中拉青年领导人千人培训计划刚刚启动一年，正是中拉青年交流新兴之际。中华全国青年联合会很快和 CECLA 达成共识：自 2016 年起，CECLA 协助中华全国青年联合会组织"未来之桥"活动并与其他机构联合承办"中拉青年学者对话"。截至 2018 年，CECLA 已经连续承办了三届"中拉青年学者对话"。如今，"中拉青年学者对话"已经在青年知识分子中产生了相当的影响力，不仅成为中拉青年学者的一项年度品牌活动，而且还推动着更多的青年开始关注中国和拉美这两个地区，特别是中国青年知识分子对拉美地区的关注。

尽管 CECLA 发展迅速，影响日盛，但我们不忘初心，愈加回归到"研究和传播"的使命。除了保持专栏文章更新，从 2016 年开始，CECLA 相继组织出版了一系列颇有分量的研究成果。2016 年 11 月，由 CECLA 协调组织并出版的《文明的长河：中拉文明互鉴》（西班牙文版）由中国画报出版社出版；同月，同名大型图片展在秘鲁举行，习近平主席和秘鲁总统库琴斯基在"中拉文化交流年"闭幕式上一起参观了该展览。几乎与此同时，由 CECLA 联合智利发展大学策划并组织

2017 年 7 月 14 日，由 CECLA 承办的第二届中拉青年学者对话在北京举行。

的《中国与拉美：山海不为远》（*La distancia que nos une. Reflexiones y vivencias entre China y América Latina*）中、西文版也如期出版。中文版由中国画报出版社在北京出版，西班牙文版则由智利 SALESIANOS 出版社在圣地亚哥出版。作为第一部记述中国—拉美青年人文交流的书籍，该书中、西文版首发式于 2016 年 11 月 22 日在智利发展大学成功举行。

CECLA 不仅配合中拉高层外交，贡献相应的民间学术力量，还着力关注当前中拉关系中重要却缺乏关注的领域。这集中体现于 CECLA 发布的三份独立研究报告。第一份于 2015 年 11 月在巴黎联合国气候变化大会（COP21）前夕发布，即《联合国气候变化大会（COP21）：中国和拉丁美洲的立场》的报告。2016 年 12 月，CECLA 发布了第二份独立报告《拉美文学在中国（1949—2016）》。该报告采用大数据的方式，系统收集整理了 1949 年以来在中国翻译出版的拉美作家作品，并按照国别、出版时间等进行分类整理，从而描绘出一幅生动而全面的拉美文学在新中国的发展地图。报告发现了一个有趣的现象，即阿根廷是其中作家作品被译介最多的拉美国家，而博尔赫斯则是译介作品最多的拉美作家。2017 年 1 月，CECLA 和 INCAE 商学院在北京又联合发布了《中国西班牙语人才就业和流动调查报告》，这是中国第一份针对国内大学西班牙语毕业生就业去向以及市场中西班牙语专业人才的分布、薪酬和流动情况进行详细分析的专业报告。这份调查报告的一个现实背景是：一方面中拉关系高速发展带动中国西班牙语教育井喷式发展，另一方面西班牙语人才供需脱节并由此导致双方互不满意。

而今，CECLA 开始寻求中拉学术界的协作和联合研究，以及时捕捉和讨论当前中拉关系中的重大现实问题。这方面的显著标志是 2018 年 9 月 8 日在南京第二届"中拉文明对话研讨会"开幕式上发布的《"一带一路"和拉丁美洲：新机遇与新挑战》（中文版）。2018 年是"一带一路"倡议提出五周年。五年来，拉美对"一带一路"倡议的态度经历了从观望到关注、从沟通到对接的上升过程。目前，已先后有 10 个拉美国家同中国签署了共建"一带一路"合作协议。"一带一路"为推进中拉全面合作创造了新机遇、新平台和新空间，而且成为中拉学术界关注的焦点话题。或许正因如此，本书获得了国家出版基金的资助。然而，策划本书的根本动力源于 CECLA 面对巨大反差油然而生的责任感和使命感。一方面，拉美对"一带一路"倡议的兴趣日渐浓厚，另一方面，其对"一带一路"倡议的了解却严重不足，由此产生的强烈反差深深刺激着我们这个以增进中拉相互理解为使命的青年学术组织。本书可谓中拉学者合力撰写的有关"'一带一路'和拉美"的第一本中文专著，也是全球范围内该主题的第一本双语著作。按照计划，本书西文版将于 2018 年 11 月在布宜诺斯艾利斯大学举行新书发布会。

2018 年 9 月 8 日，郭存海博士在第二届"中拉文明对话研讨会"开幕式上介绍新书《"一带一路"和拉丁美洲：新机遇与新挑战》（中文版）。

　　毋庸讳言，CECLA 在如此短的时间里取得如此丰富的成果，源于它的机制灵活、触角敏锐和团结协作，当然最重要的是它骨子里洋溢的那种青年的行动激情。当前，中国的拉美研究新一代正不断壮大，且成长速度更快。每每想到这里，我就有一种被他们拍在沙滩上的危机感。这个我所称的"新一代"具有一些明显不同于老一代拉美研究者的特点。比如，他们年轻、有活力、有热情、有责任、有思路、视野开阔，有国际情怀，更重要的是有动力和力争上游的精神。

　　这些新一代的研究者年龄层次以 80 后为主，在学术研究上正崭露头角或者表现出很大的潜力；大多熟练掌握英语和西班牙语或葡萄牙语，对于文献阅读与写作及对外交往而言，语言已经不是障碍；越来越多地受过国内外良好的专业训练，打破了过去语言和专业的对立与分野。当然更重要的是，这个群体有国际视野、有意愿、有动力，更有能力与拉美或国际同行直接沟通。还有一个突出特点是，就研究领域而言，新一代的关注点并不止于传统的政策需要以致局限于政治、经济和外交，而日益广泛地触及人类学、艺术、文化、法律、建筑、教育和环境。他们的视角和关注点更加多元，更加体现出一种跨学科和国际化的特点。

我深感自己难以跻身这新的一代——我已有一半身子被他们拍在沙滩上。但我无憾，更愿以我之身躯，做一个摆渡人，将中国有理想、有热情、有动力、有意愿、有能力的拉美研究青年摆渡到彼岸；同样，我也愿意将有同样品质的越来越多的有志于中国研究的拉美青年学者摆渡到此岸。通过中拉青年的交互研究和传播，促进双方包括文化和学术在内的人文交流，为两地公众提供更多的公共知识产品，增进双方的了解和理解，是谓 CECLA 的使命、CECLA 的精神。

未来，我们仍不改初心，激情如昨，因为我们的力量就是生长的力量。我们希望 CECLA 这粒种子能够裂变，不仅在中国，而且在阿根廷，也在其他拉美国家更多地落地、生根、发芽、长大，见证更多的研究彼此的中拉青年学者涌现和成长。

认识东方的关键词

萨尔瓦多·马里纳罗 （阿根廷作家、记者，上海大学人文学院博士研究生）

我

汉字"我"由两部分组成：手和戈。因此，"我"从字义上可以理解为，一个人可以自我防卫；或者更确切地说，当他想要捍卫某些事物时，手中握有力量。事实上，"戈"在中国古代是一种象征自由、威严和阳刚之气的武器。而在我看来，"我"这个字看起来就像一个拖着一件行李箱的人。我看到了自己，这个经伊斯坦布尔转机、飞行了34个小时后终于抵达上海浦东机场的我。

朋友和家人不停问我："你到底是要去哪里啊？"而我则不厌其烦地回答："我要去地球另一端啦。"离开布宜诺斯艾利斯前几周，我开始感到异常的自由，似乎我在临走前所做的任何事都不会产生什么后果——毕竟我马上就要去地球另一端开始一段长时间的生活了。我决定以颇具仪式感的方式来告别这座我生活了近十年的城市。于是，我在脑海中列出一份清单，把一直想看的演出一一看完；我还去了所有想去的咖啡馆，坐在那里慢慢写作；我狂吃烤肉、喝红酒，差点消化不良；我还开始和一个姑娘约会，虽然我们能共处的时间那么短暂，而未来又充

抵达中国意味着重新评估
你所认为的真实和日常。

满了不确定性。当然，伴随着这般自由的，是肾上腺素在我大脑深处沉
淀后产生的越来越强烈的痛楚。

　　一天下午，我打开房门，在一堆包好的家具和搬家公司提供的柳条
筐之间找到好几盒书，这些书曾属于我自己的"图书馆"。我家有藏书
的传统，每本书必须一尘不染，不能卖、不能送，更不能扔。这些书从
地板上开始堆，一盒叠着一盒，一直堆到天花板。我觉得自己就像西班
牙语这种语言的逃难者，要一页页翻阅所有用西班牙文书写的书籍，然
后挑出最优秀的几本，带着它们去荒岛生活。于是，我准备把一些有用
的书页撕下来，把书里的语句缩短，然后自己制作一本笔记，把西班牙
语最精华的内容收录进去。我开始撕扯书本，直到眼前一片破碎景象才
停手。虽然记着"最爱的书"的笔记本和装着"多余的书"的图书馆都
算是我与文学之间的隆重告别，但我最终决定改变主意，只挑了三本书，
仅此而已。我把这三本书装在行李箱最上方，使劲关上箱子，这才意识
到，我已经没剩下什么要捍卫的东西了。中国之行最具吸引力之处，在
于一种空白感，那种心甘情愿舍弃一切的感觉。

他们

毫无疑问，上海浦东机场是我这辈子见过的最大的机场。我背着双肩包，在白色灯光照耀下走过一条条大理石走廊，经过许多水平扶梯，穿过两道、三道、四道安检，来到取托运行李的地方。我还在卫生间里换了件短袖 T 恤——我没想到自己抵达上海时会浑身脏兮兮的。最后，我穿过一道自动玻璃门，终于来到了外部世界。出来后还是一条走廊，迎面而来的是西装革履的男士、身穿套装的女士，有跨国企业代理商、酒店管理员，还有无数的出租车司机用英文问着"先生，先生，你要去哪儿？"他们此起彼伏，举着各种牌子不断询问，直到我消失在他们的视野中。

每个人都在寻找接机对象。他们问我是不是史密斯兄弟公司的史密斯先生、是不是跟妻子一起来上海休假的克拉克先生。而我则在四处寻找王老师——我之前已跟他保持了三个月的联系，他说会到机场接我。结果，我走了一圈也没找到王老师，也没看到任何牌子上有我的名字。我又重走了一圈，以防来接我的人没看到我，但依然没找到王老师。在来来往往的人群中，我意识到，我根本没办法和王老师联系上；接着我又觉得，我向上海大学申请的奖学金项目似乎都显得十分荒唐。我为何要申请到世界的另一端去读博士，结果又让我在一个拉美问题研究机构工作？我突然对这一切产生了怀疑。我走到一条长凳前，坐下来休息。有一瞬间，我觉得自己就如庄子所说的"庄生晓梦迷蝴蝶"。我正在经历的，其实是另一个人的梦境，他在梦里是一个远走他乡的阿根廷人。幸好，这时，一个高高的、光头的、穿着羽绒服的男人打断了我的胡思乱想，他向我伸出手，用西班牙语说："请问您是马里纳罗先生吗？"

我差点说"不是"，因为我唯一认识的马里纳罗"先生"是我父亲。这时，王老师已经抓住我的拉杆箱迅速朝出租车站走去，嘴里喊着"走，

浦东的夜景呈现了上海的现代化，充满未来主义，让人目眩神迷。

我们走"。我们上了排在最前头的出租车，王老师嘴里冒出几个音节，就说明了大学地址。接着我俩坐到后排车厢，没再说话。

我向窗外望去，高速公路上下重叠，玻璃面的高楼反射出被白色薄雾笼罩着的昏黄落日。我看到人们在街上行走，心情渐渐放松下来。这里的汽车也有四个车轮，人行横道线也是白色的，树看起来也有树的模样，眼前的这一些并不陌生。当然，路上的海报、横幅、指示牌上写的是一种我完全看不懂的文字。刚来中国时，我看到"他"这个字，觉得很有意思——"他"本身是人称代词，其中又包括副词"也"。在我看来，"他"的意思是，TA"也"是一个"人"。就像一个人在人群中

上海和布宜诺斯艾利斯颇
为相似，都是西方文化和
本土文化交融的混合体。

辨认出另一个满怀希望、期待和烦恼的人（例如，在一个周日下午在浦东机场寻找一名留学生），就能马上打破两人之间的距离。这就好比在反射镜游戏中，一个人的言行举止通过镜面反射，可以对另一个人的判断造成影响。

过了很久之后，我问王老师，当时是怎么在浦东机场的人山人海中认出我的。

"因为阿根廷人长得都一样，"他回答。

诗

　　我和中国诗歌的第一次接触是通过埃兹拉·庞德的书《华夏集》。智利作家罗贝托·波拉尼奥曾说，每本书都来自其作者自成一体的神秘星球；当读者阅读这本书时，能从其中"借出"（认识）另一本书。我是在阅读波拉尼奥的小说《荒野侦探》时知道《华夏集》的。《荒野侦探》花费了大量笔墨描述庞德在比萨监狱时的经历。庞德是美国的第一批英国人的后裔，在意大利成为墨索里尼政权的支持者。第二次世界大战结束后，盟军将他俘虏，并以叛国罪将他送上法庭。他在被送往绞刑架的路上，以精神失常为借口躲过极刑。据说，庞德在监禁期间随身带着两本书，一本是中国古典诗歌选集，一本是塞万提斯的《堂吉诃德》。他拿这两本书当枕头。

　　庞德的作品采用一种淡漠的叙事方式，常在含蓄和赤裸的语言之间转换。他从其他文化和语言中借鉴叙事风格，然后自成一体。他的许多诗歌作品改编自普罗旺斯歌谣、炼金术士祈祷语以及希腊、拉丁诗歌。而《华夏集》则是在中国古典诗歌的基础上创作而成。他尤其喜欢借鉴李白的作品。他在原诗上不断修改，直到将其改得"面目全非"。庞德不懂汉语，他是根据英国汉学家欧内斯特·费诺罗萨的注释来"把玩"诗词的，而我手中的这本书又是翻译成西班牙语的版本。总之，这是三种语言之间的翻译练习，没人弄得清楚哪些内容属于原作者、哪些内容属于再创造。"翻译即叛逆"，这种诗词实践体现了东方的文学观念：

　　　　渭城朝雨浥轻尘，

　　　　客舍青青柳色新。

　　　　劝君更尽一杯酒，

　　　　西出阳关无故人。

角落里的中国传统文化，
就像另一个时代的余影。

庞德认为，译文属于被翻译语言的文化财富，译文可与另一种文学传统进行对话。事实上，庞德作品中最有趣的一点，就是使两种语言所代表的两种文学传统进行对话。

我在第一次北京之行时得到一本"靠谱"的李白诗集。当时我们被带去长城、故宫、颐和园参观，我偶然看到外文书店，就买了一本中西双语的诗集。时至今日，我还在试图读懂这本书。我必须承认，译成西班牙语的诗句没有那么大的张力。庞德对这些诗歌进行"过滤"，使其表现力降到最低。在他的作品中，沉默与话语的结合构成一种新的阅读体验。语言的效果在"说"和"不说"之间集中体现。文学作品往往需要一个沉默的结尾。

那种语言的表现力和美感体现在汉字"诗"这个字中——"话语"（讠）需要一个空间来释放，即"寺"。乔治·巴塔耶认为，诗歌的无意义性（一切文学皆无用）使语言变得庄严神圣。

书法

曾有一位朋友带我去参观一个书法展。在书法大家的作品中间，还掺杂着一些他们徒弟的作品。我站在一幅书法作品前，只见粗粗细细的笔画在纸上龙飞凤舞。我觉得这幅字笔锋急促，或者说，风格很现代化。

"你觉得这幅字怎么样？"朋友问。

"我挺喜欢的。"

"喜欢这幅？这幅不好。"

接着，她把我带到另一幅作品前。在我看来，这幅字跟刚才那幅并无二致。她问我是否喜欢这幅，我说"是，是，很漂亮"。我觉得并没有什么方法来区分新派和旧派、经典作品和临摹作品，于是觉得自己仿佛置身于展览厅，被一群意义不明的线条包围着。我看着不同的形状、线条、颜色、圆圈，但完全无法理解其中的含义。我完全无法解读这些对部分人而言极其珍贵的事物。我正在观赏一门艺术，这门艺术历史悠久，分多个流派，每个派别又各具传统，而我对此毫无概念、一窍不通。这让我再次意识到自己是个外国人。我认为，我需要通过某种翻译才能读懂中国。

庞德的《华夏集》和他所翻译的中文诗歌原文读起来感觉迥异，因为两者所用的语言不同。汉语的学习基于重复练习。我们外国人要在中国小学一年级孩子用的方格本上反复练习笔画，抄写汉字。在某些时候，或者说我听说，汉字经过反复练习，就会变成一种无意识的书写。经过坚持不懈的练习，各种画符开始成型。与西方学习方法完全相反，汉语学习注重理解、建立关联、发觉内在联系，然后重新遣词造句。因此，我在第一堂普通话课上学的是一张单词表："妈妈、爸爸、哥哥、一、三、五、地图、报纸"。而数字"二"则放在第三课讲。最近，我在第五课里才学会了从一数到十。我曾和一个中国朋友不止一次地抱怨，汉语的教科书和课堂授课都不分门别类，我只能把一些零散的单词塞进大脑，然后随机拿出来反复练习。

"当然分了类，只是你没看出来。"

这个回答真是奇妙，我心想。从那以后，我告诉自己，虽然我以前不懂，现在还是不懂，但或许在未来某一刻，我会明白这门语言内部的秘密关联。一门语言可以解读出一个世界。在这门语言里，我看到的只是区区几根线条，而我朋友看到的则是一幅历史画卷。因此，本国人的世界在外国人眼里显得一片混乱。

历史

一个名为"中国私语"的话剧作品已在一栋楼的二层演出了两个月。二层的办公室像要搬家似的一片混乱，大厅中央有两排椅子，前来的观众必须绕过各种工具、盒子、木板，才能来到椅子边。昏暗的光线营造出一种神秘的气氛，这正是这部作品想要追求的效果。我在一根柱子边停下，向看似"舞台"的方向望去。灯光关闭，一位七十来岁、短发、矮胖的女人穿过大厅，坐到中间的椅子上。她从皮夹里掏出几张纸，戴上眼镜，开始阅读。

"我的名字叫'国法'，意思是'国家大法'。我有一个严厉的父亲。"

国法开始讲述她的家庭故事，并通过自己的故事来回顾中国历史。投影仪投射出英文字幕。国法的父亲出生在德国殖民时期的青岛，会讲"欧洲野蛮人"的语言。长大后，他去柏林攻读工程学。在那里，他认

身处中国的异乡客，无论在这里生活多久，你永远都是他国文化的旁观者。

识了安妮特，两人结为夫妻。他们回到上海，在国际公共租界定居。当时的上海，到处是外国银行，鸦片贩子和流氓匪徒横行。第二次世界大战在欧洲爆发的同时，日本正在侵略中国。由于德国是日本的盟国，安妮特被驱逐。此后，这对夫妇再没见面。他后来再婚，生下国法。在国法讲述的时候，一对伴舞的芭蕾舞演员（西方人）用薄纱将其围绕，拉着她一起舞蹈或紧紧抓住她的双脚，仿佛孙辈在听奶奶诉说自己的故事。

从落地窗看出去，是一条大道，天色已暗，两三辆摩托车在街上穿行。我问自己，在这座近 3000 万人口的城市中，有多少人的故事是我无法企及的。我在脑袋里咒骂汉语的四声调和汉字笔画顺序。说同一种语言，构成一种亲密度，这种亲密度正是《中国私语》这部作品创作的基础。随着昏暗的灯光、西方人的伴舞，主角讲述着自己的故事。等她开始讲述自己在"大跃进"时期的遭遇，我的这种感受还是久久无法消散。对我来说，我作为外国人有个巨大的局限，那就是我无法真正走近中国人的经历，以及这个国家的历史和语言。

东方

在博尔赫斯创作的一则著名短篇小说中，有一段发生在一个为德国人效命的中国间谍和英国汉学家史蒂芬·艾伯特之间的对话。文学评论家在分析这部作品时，将相当一部分注意力集中在这段对话的内容上。中国间谍其实是彭㝡的曾孙。这个彭㝡是皇亲贵族，他舍弃荣华富贵，专心写小说，并建造了一座迷宫。他的家人对其作品嗤之以鼻，因为他唯一完成的作品就是一本不值一读的书，里面既没内容，也无逻辑可言。但是，没人找到过他的迷宫。跟博尔赫斯许多其他小说一样，《小径分岔的花园》关注的也是关于理性的探讨，并拥有一种哲学思维。在这个故事中，艾伯特找出了读懂彭㝡那部小说的诀窍——小说里的人物死亡、又出现、又变身，然后永远消失。艾伯特和中国间谍的相遇揭露出一段家族故事：所谓的迷宫就是彭㝡的小说，这是一座时间的迷宫，在里面一切皆有可能发生。大多数关于这部作品的书评都聚焦于此，强调多重时间，突出道家思想等等。然而，许多读者在阅读时可能忽略了这个故事最出人意料的片段——中国间谍吸取历史教训杀死了艾伯特，目的是向德国方面传达信息。也就是说，中国人杀了汉学家。

我知道这是读者的假设，线索就是书中英国"东方通"手里那本书中提到的各种姓名、城市和事件。从某种程度上，这慢慢成为我理解中国文化的一种方式。"杀死汉学家"，让他讲述过去经历，转述另一个人的话语；"杀死汉学家"，让自己在现实反转中漂浮，这正如道家思想所提出的观点。

一个名叫"阿尔贝"的中国人成了我的语伴。我不知他为何会认为跟我在一起能练习英文。总之，我们每周见一次面，用汉语和史蒂芬·艾伯特的母语交流、学习。不久后，他邀请我去他爷爷家吃晚饭。

"阿尔贝"在宜山路地铁站7号出口等我。我们一起在某个居民区穿行，沿街有大妈卖白菜、木耳，还有开到凌晨的水果摊。我们顺着一个水泥楼梯爬到了三层，"阿尔贝"掏出钥匙。门上装饰着一个用红纸和金色墨水写的字，意思是"发财"。一开门，他爷爷就伸出手跟我打招呼，说了一句话，"阿尔贝"翻译说："欢迎来我家，我孙子经常说起你。"在爷爷家，我才得知，原来我语伴的真实姓名叫徐艺，而他给自己起的英文名字"阿尔贝"，是取自《哈利波特》里的一个人物。

接着，爷爷就隔着珠帘，开始在厨房里忙碌起来。这个房子有两间卧室、一个厨房、一个卫生间。由于没有饭厅，"阿尔贝"就拿出一张折叠桌，铺开放在房间中间，我们把他的床当作椅子。爷爷开始上菜，一道又一道。话说我到中国后胖了好几公斤。最后，爷爷端上一大碗汤作为甜品，里面有糯米团子和甜豆。这时，他才坐到我们身边。他从柜子里取出一瓶白酒，倒在一个像玩"过家家"用的小杯子里。"干杯！"他说道，等着我这个外国人一饮而尽。接着，他又将酒杯倒满，才又坐下。

"几十年前，"他说，"你应该还不能来我家做客。要是我有个西方朋友，邻居们说不定会以为我是间谍呢。那个年代，我们吃不到什么肉，还经常饿肚子。现在你看，你和我还有我孙子一起吃饭、喝酒。这些年来，中国发生了许多变化。"

他者

上海的一些街道常常会让我想起布宜诺斯艾利斯。华山路上到处是咖啡馆、甜品店，就跟巴勒莫区的小巷一样。人行道上摆放的桌子、周围的法式别墅，这种郊外与欧派相结合的景象让我想起，上海和布宜诺斯艾利斯都曾在 20 世纪初有过类似改造。上海是"东方明珠"，布宜诺斯艾利斯则是"南美巴黎"。

在我了解东方文化的过程中，一些事情开始步入正轨：那个在布宜诺斯艾利斯与我分别的女孩获得了一份奖学金，她也来到上海攻读博士；上海这座偌大的城市渐渐变成了一张熟悉的地图，我喜欢去咖啡馆上网，也喜欢偶尔去几家烤肉店换换口味。当我意识到我所面对的是一个永远不可能完全了解的文化的同时，也产生了一种新的希望，那就是一点点地去包容这里的文化。有了这种想法，我开始发挥主观能动性，不断提问、发现惊喜，直到探索出一种共同的语言。

文学的光亮：我的皮格利亚日记

楼 宇

[中国社会科学院拉丁美洲研究所助理研究员，中拉青年学术共同体（CECLA）
联合发起人，中国西葡拉美文学研究会秘书长]

　　最初，里卡多·皮格利亚对我而言，是一位遥不可及的阿根廷作家和文学评论家。但后来，他成为我博士论文的研究对象，与我相伴三载。最后，他走出抽象的文本世界，来到我真实的生活里，成为我的朋友。一位中国读者和一位阿根廷作家之间到底有着怎样的故事呢？

2016 年 6 月 30 日 沙漏：初识皮格利亚

　　2006 年，各种机缘巧合使我离开原本的研究领域——墨西哥文学，开始向阿根廷文学世界靠近。在研究阿根廷作家曼努埃尔·普伊格时，我读到了里卡多·皮格利亚撰写的《普伊格与叙述的魔力》一文。因此，我"初识"的皮格利亚，不是小说家，而是文学评论家。2010 年，我师从北京外国语大学郑书九教授，开始攻读拉美文学方向的博士学位。两年后，我赴墨西哥访学，在墨西哥学院柔丝·科拉尔教授的指导下，展开对当代阿根廷文学的阅读和研究，其中就包括对皮格利亚作品的微观细读。

　　2015 年 5 月，我递交完博士论文《皮格利亚侦探小说研究：以长篇小说〈人工呼吸〉为例》的终稿后，既忐忑又激动地给皮格利亚写了第一封邮件。未料很快收到了他的回信："亲爱的楼宇，很高兴收到你的来信。得知你出生于 1980 年，与《人工呼吸》同龄，甚为欣喜。文学总能让人结交新朋，很高兴我在北京有了一个新朋友。向你的研究表示祝贺！里卡多。"寥寥数语，却带给我莫大的感动和无尽的力量。

这就是皮格利亚写给我的第一封信。而我和他之间现实层面的故事，也随之拉开帷幕。

我激动地把这一消息告诉柔丝，但她的回信却使我陷入一场始料未及的悲伤之中。她告诉我，为了让我安心撰写论文，她向我隐瞒了皮格利亚的病情。她说，皮格利亚患的是 ALS，情况不容乐观。我很难忘记那个下午，我发了疯似地在电脑上搜索：ALS、肌萎缩侧索硬化症、"渐冻人"……这些陌生的词汇一个接一个跳出来，像一块块巨石叠压在我的心头。初夏的风从窗口吹进来，却越来越让人窒息。我一边读着网上关于该病情的描述，一边想起了《人工呼吸》中瘫痪的人物奥索里奥："我已经没法写字了。瞧，我的手就像鸟的爪子。我是信天翁，我在'海滨墓园'的岸边平静飞翔。在空中，我的手指变成了信天翁的爪子。这种鸟儿只能在水面停伫，在海面的岩石上栖息。我已经没法写字了……只有我的声音还在……靠着它我才能口述回信。"脑海中，浮现出地球另一端的布宜诺斯艾利斯，某个临街的窗台，摆着一个巨大的沙漏。时间不再是钟表盘上分针秒针无关痛痒地移动，而是变幻为真实的流逝过程，残忍至极又无可奈何。"我要为皮格利亚做些什么！可我又能为他做些什么呢？"很快我就有了答案：我要翻译《人工呼吸》，要让皮格利亚的作品来到中国！

我开始联系出版社，向他们推介皮格利亚的作品，并表示如果他们愿意引进，我可以无偿翻译。最后，中央编译出版社决定引进《人工呼吸》和《艾达之路》两部小说，分别由我和翻译家赵德明教授翻译。2016年3月，皮格利亚被翻译成中文的第一部作品《艾达之路》出版。捧书在手，我无限感慨，皮格利亚终于来到了中国！作家得知此事后，专门给我写了封信："亲爱的楼宇，很高兴得知《艾达之路》出版，即将捧奉既遥远又亲近的中国读者。谢谢你！正是由于你的付出和努力，此时此刻，我才得以想象，在遥远中国的某处，有那么一位青年正在阅读我的作品。深深地拥抱，里卡多。"

由此，我和皮格利亚有了较为频繁的通信。几年前，当我开始研究皮格利亚时，我不会想到我会成为他作品的译者；当我在他的作品中徜徉，在他用文字构筑的迷宫里探寻时，我更不会预见到有一天我会读到一些同样出自他笔下、却是写给我一个人看的文字。我既想和他本人有更多的交流，但又担心频繁的邮件联系会对身体欠佳的他造成一种负担。我向他的助手萨维娜倾诉了这一顾虑，她回复说我多虑了："要是你能看到我给里卡多读你的邮件时他脸上露出的微笑那该多好啊！正是这些小事带给他无穷的力量和快乐。"

我没想到我的那些邮件会成为他力量源泉中的一小部分，我更无法想象皮格利亚的真实处境，或者说，我一想到他的身体状况，就选择了停止想象。我不愿意接受这样一个残酷的现实：他的身体，就像那个沙漏，肢体的知觉、活力，如流沙分秒丧失，而头脑却始终清醒。那是一个生命的沙漏啊！每每想到此，我就不能自已。每每想到此，我就会想到《埃米利奥·伦西日记》。

皮格利亚从 1957 年开始写日记，一共写了 327 本。患病后，他开始整理手稿，计划分三次出版，一年一本，到 2017 年出版完毕。2016年初，我拿到了日记第一卷《成长岁月》。明明是日记，皮格利亚却依旧使用了他的 "alter ego" 伦西的名字。"用第三人称来书写我自己的人生"，皮格利亚的这一愿望在日记三部曲中得以完美实现。1967 年，皮格利亚从其全名里卡多·埃米利奥·皮格利亚·伦西中摘出一个名字和其母姓，创造了他在文学世界中的化身埃米利奥·伦西。此后，伦西的身影几乎出现在他所有的作品中。"伦西就是我的自传，"作家如是说，"伦西所经历的一切都是我曾经想做，但又未能实现的事情。"日

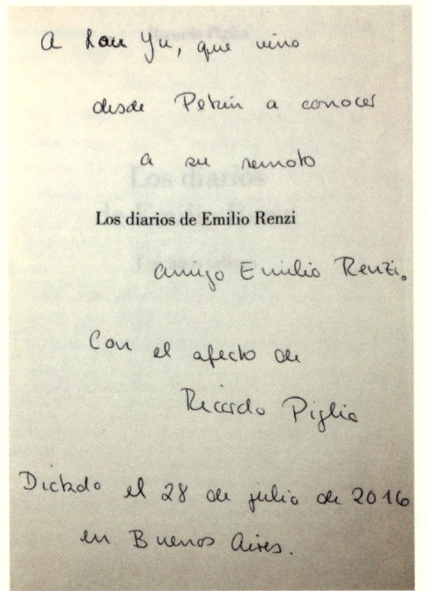

a Lou Yu, que vino
desde Pekín a conocer
a su remoto

Los diarios de Emilio Renzi

amigo Emilio Renzi.

Con el afecto de
Ricardo Piglia

Dictado el 28 de julio de 2016
en Buenos Aires.

皮格利亚赠送给楼宇
的日记第二卷

记本是一种最接近真实人生的记录，但皮格利亚又一次毫不吝啬地将其"赠送"给了伦西。不仅书名叫作"埃米利奥·伦西日记"，作家还在书中精心安排了自己与伦西的见面：在一家咖啡馆里，伦西向皮格利亚聊起自己的童年记忆，还有那从 1957 年就开始撰写的日记。

读这本书时，我的脑海中经常浮现这样一个画面：两个人相对而坐，谈笑风生，我分不清到底是作为作家的皮格利亚和作为人物的伦西在聊天，还是只是皮格利亚在对着镜子自言自语。书中描写的一切，究竟是皮格利亚真实的人生经历，还是属于伦西的虚拟人生？渐渐地，我明白了答案就在扉页，就在那句源自《追忆似水年华》的引文里："这个愿望给了我自我延伸、自我扩展的可能性，这就是幸福。"

原来，皮格利亚的叙事文学世界也是一个沙漏，他将自己的生命倾注到文字中，一字一沙粒，渐渐流淌到属于伦西的那一半容器里。所以，这些日记，既是作家的时光机，是他追寻记忆、记录人生的一种形式，更是他与伦西融合的过程。文学创作赋予皮格利亚一种自我延伸、自我扩展的可能性，使他在虚构的世界里实现了自我复制。

进而，我想到，其实翻译《人工呼吸》的过程也像一个沙漏。原作者的语言和思想，逐字逐句，渐渐流淌到另一半语言容器里。这就像一场属于我和皮格利亚的特殊形式的相逢。通过邮件，我和他的人生有了交集，我在他的人生记忆里留下了脚印；而通过翻译《人工呼吸》，我可以将他用西语撰写的小说延伸、扩展到另外一种语言，"复制"出一个中文版的《人工呼吸》。而读者通过阅读，通过文字，也会逐渐了解一段陌生的故事，游历一个遥远的国度，邂逅一种别样的文化，这何尝不是另一种知识的延伸和认知的扩展呢。由此，通过翻译，我也在皮格利亚的文学世界里留下了印记。

2016 年 8 月 9 日 一场万里之约

撰写《沙漏》时，我时常想起萨维娜的那句话："要是你能看到我给里卡多读你的邮件时他脸上露出的微笑那该多好啊！"于是，我斗胆写信询问萨维娜，如果我前往阿根廷，是否有可能去拜访作家。很快，我就收到了她的回信："里卡多说，你来吧！"读到那句"来吧"时，我激动地哭了。我放下手头的一切工作，开始办理签证。2016 年 7 月20 日，我登上了飞往阿根廷的航班，远涉重洋，去赴一场和皮格利亚的文学之约。

我终于来到了我想象过无数次的那条街道，推开那扇门，站在里卡多面前，对他说："嗨，我就是楼宇，我们终于见面了！"他微笑着对我说："你来看我，我真是太高兴了！"他早早准备好了 1973 年他的中国之行的照片，给我讲述他和郭沫若等作家会面的情况、他对鲁迅的敬仰之情，并给我看了他撰写的中国见闻；他把刚刚收到的日记第二卷

《幸福时光》样书送给我，还特意写了题词：送给楼宇，专程从北京来到这里与她遥远的朋友埃米利奥·伦西见面。

短短 20 天，我的阿根廷之旅在虚构和现实两个空间里同时展开。一方面，我逐一游历了那些在作品中反复出现的地方和场所，了解了伦西的世界；另一方面，我认识了皮格利亚的家人和朋友，其中包括多位其作品的研究者和译者，游历了作家在故乡阿德罗盖的旧居，了解了皮格利亚的世界。期间，我去看望了皮格利亚三次。他的微笑，他那松软的卷发、闪烁的眼睛，一切都那么不真实，一切又如此真切！我从来没有想到我会真的认识他，站在他身旁给他看我拍的照片，讲述我的伦西之旅和皮格利亚之旅。他饶有兴趣地听我讲述我如何追随伦西的步伐，寻找他笔下经常出现的咖啡馆，品尝他书中提到的甜点，坐在窗边的位置想象着他和伦西的对话，然后笑着对我说："别全信，有可能是我瞎编的呢。"

告别的时候，他对我说："我最讨厌告别。"我说："我也是，所以，我不是来告别的，我只是和前几次一样来问候你而已，只不过，我可能会隔挺长一段时间才会再来看你。我会继续我的皮格利亚和伦西之旅的。"他微笑着对我说："我喜欢你的这股子激情！我等着你再和我讲述你的文学之旅。"窗外，院子里的植物在冬日里蓬勃生长，屋子里弥漫着笑声和面包香。我突然想，里卡多的夫人贝娃，他的助手和朋友们，从某种意义上而言，我们都像点点星光，驱散笼罩在他周围的黑夜。但实际上，我们身上的光和热，都不过是一种反射，他才是那个巨大的光源和热源。我们的热情，我们的力量，其实都源于皮格利亚的文学世界及其本人的人格魅力。通过伦西，他向我们展示了一个趣味盎然的文学世界；而通过他自己，他向我们展示了面对生命、面对人生困境时的乐观和坚毅。

我的这趟旅行，从北半球的中国，来到南半球的阿根廷，从伦西的

2016 年 8 月 8 日，楼宇在皮格利亚家中与其夫人贝娃和助手萨维娜合影。

虚构世界，来到皮格利亚的真实生活，加深了我对皮格利亚的文学世界和阿根廷文化的了解。而通过我的讲述，皮格利亚得以再次"游历"中国，了解当代中国的社会面貌，"更新"他的中国记忆。从文学世界里我的单向阅读，到邮件中的双向交流，再到现在面对面的真切对话，我和皮格利亚共同书写了这个属于我们的故事。这一切何尝不是另一个沙漏呢？一粒粒文字之沙，最终汇成一座沟通之桥，把一场文学之约幻化为心灵之交。

2017 年 1 月 7 日 人生一日的不辞而别

今天，中国时间 1 月 7 日，阿根廷时间 1 月 6 日，本该是我漫长人生的寻常一日，但那个讨厌告别的人与我们不辞而别了。

皮格利亚作品《人生一日》

　　早晨，我打开手机，收到皮格利亚家人及很多朋友发来的消息。很难想象这是真的，我多么希望一切不过是场噩梦。很多画面，很多文字，涌上心头。很难忘初见那天，他费力地转动眼球在特殊的电脑上写字与我交流的场景，他微笑着在电脑上写下：来，拥抱一下！我是如此激动地拥抱他，我的面颊接触到他的卷发，柔软蓬松，带着一股清香。那一刻，我很想哭。我多么希望他还能说话，还能行走，还能张开双臂拥抱我。此时此刻，我又想到《伦西日记》。待到今年最后一卷《人生一日》出版时，皮格利亚的生命流沙会和伦西真正重逢、完全交叠。生命之沙不会消失，只是流逝到另一个空间而已。在那里，皮格利亚会回到他出生时的最初，会回归那个他最初的名字：里卡多·埃米利奥·皮格利亚·伦西。

2018 年 9 月 9 日　一切相遇都是重逢

　　今天，我去了天安门广场，随身带着一份边角破损的旧报纸。那是1973 年 7 月 28 日的《人民日报》，在第四版的最中间有一则短讯："人

郭沫若会见阿根廷作家比利亚

新华社一九七三年七月二十七日讯　人大常委会副委员长郭沫若今天上午会见了阿根廷作家比利亚，同他进行了亲切友好的谈话。

会见时在座的有关方面负责人有冯铉、薛端等。

阿根廷客人是于七月六日到达北京的。

郭沫若副委员长会见阿根廷作家比利亚。　　　新华社记者摄

1973 年 7 月 28 日《人民日报》刊登的郭沫若会见皮格利亚的简讯

大常委会副委员长郭沫若今天上午会见了阿根廷作家比利亚，同他进行了亲切友好的谈话。会见时在座的有关方面的负责人有冯铉、薛端等。阿根廷客人是于七月六日到达北京的。"这是皮格利亚的名字第一次出现在中国的报刊上。

　　刚与皮格利亚建立联系时，他给我写过一封邮件："我曾于 1973 年去过中国。这么多年过去了，许多事物早已改变。但我想，那些广场和公园应该还在吧。于是，我会想象，你就在北京的那些地方，就好像我真的认识你一样。"今天，我站在天安门广场上，打开泛黄的报纸，看着皮格利亚和郭沫若会见时的照片，想象那时的他，那个 33 岁的皮格利亚，他是如何漫步在这宽阔的广场？他第一次来到中国有何感触？我想起他写给我的最后一封信。那是 2016 年 12 月 26 日，他提及他有意整理其中国行日记，并希望我可以协助他。遗憾的是，11 天后他就

楼宇博士在皮格利亚故居。
图中打字机为皮格利亚创
作《人工呼吸》时所用。

突然辞世，整理中国日记的计划也永久搁置了。

　　皮格利亚走后，一切又回到了最初。那个邮箱静默了，我知道我永远都不会收到他的邮件了。有时，我会陷入一种恍惚：我是真的认识他吗？我和他的那场文学之约是真的发生过吗？仔细想想，我和他的相识源于文学，而我和他的相遇和交流也始终处于文本的世界。虽然我和他见过面，也说过话，但我却从未真正听过他的声音，也没有感受过他拥抱的力量，因为那时的他已经无法行动、不能说话了。由始至终，我只在电视和讲座视频里听过他的声音、见过他神采飞扬的模样。我和他的对话都是无声的，都是文字的，带着一种文学的不真实感。

　　所幸的是，我和皮格利亚的对话仍在继续。不论是在阅读他的作品时，还是在翻译《人工呼吸》时，我总能感受到他的存在，总能想起小说中的一段话："写下一封信，就是向未来传送一个信息；就是在此时此刻，和一个不在身旁的收信人对话……书信是对话的乌托邦形式，因为它抹去了当下，使未来成为唯一可能展开对话的场所。"皮格利亚的这些作品，包括刚出版的《克罗塞警长探案集》，就是他写给我们的信，是他与我们展开对话的乌托邦。

我的皮格利亚和伦西之旅也从未停止。在他离开一年半后的这个夏天，《人工呼吸》中译本即将完稿，而我的博士论文《皮格利亚侦探小说研究：以长篇小说〈人工呼吸〉为例》也有幸入选"中国社会科学博士论文文库"并即将出版。"唯有那些我们热爱的人和事，才值得用文字去记录。我很高兴，我能触动你，使你写下如此感人的文字。"这是皮格利亚在读完《沙漏》后对我说的话。我也很高兴，人生第一部译著和专著都与他有关。我没能让皮格利亚在有生之年重回中国，但至少我可以让更多的中国读者游历皮格利亚和伦西的文学世界。

斯人已逝，思之切切。我至今记得第一次去拜访皮格利亚的那天，我推开临街的那扇门，眼前却是一条狭长的小道，通道尽头才是他的住所。我迈出的每一步，似乎都特别漫长，我走过无穷的文字，穿过一本又一本他的著作，越过千山万水，漂洋过海，最后才从繁芜丛杂的思绪中走到他家的门口。我从遥远的中国来看望他，实属不易。但身患重病已谢绝会客的皮格利亚同意我的拜会，则更加不易。或许，我对他来说并非一个普通的读者或朋友，而是承载着他久远的中国记忆以及那份对文学的热忱吧。他曾对我说："你从北京来看我，这是文学赋予我的美好之一。"亲爱的皮格利亚，我想告诉你，你让我去阿根廷看望你，是文学赋予我的最美好、最神奇的事。而我也终于明白，你的不在，是无所不在；你的无声，是大音希声；而你的不辞而别，是为了不期而遇。嘿，亲爱的皮格利亚，我们都不喜欢告别，在无尽的文字世界里，在往复循环的回忆里，我们一次又一次地，相遇，重逢，永不告别。

后记：穿过半个地球拥抱你

许多年前，还是不知愁滋味的懵懂少年时，我曾经写下：天冷／爱可以温暖／路远／心可以缩短。而今，已至不惑之年，我方蓦然发现这句话的形而下的存在。

中国和阿根廷恰是天各一方，分处地之两端。世界上距离首都北京最远的正是阿根廷的文化之源——美丽的潘帕斯大草原。在历史的长河里，物理距离是一种天然的屏障，阻碍了人之交流、物之交换。中国和阿根廷几乎鸡犬难相闻，老死难往来。

然斗转星移，时事易迁。从 1972 年建交至今，46 年过去，中国和阿根廷不再隔海守望，而早已穿越半个地球相约相守。2004 年，中阿建立战略伙伴关系，双边关系进入全面发展的新阶段。2014 年，两国关系发展到历史新高度，正式被提升为"全面战略伙伴关系"。这意味着——特别是在全球化条件下——相互需要的渴望可以跨越物理的障碍而达至现实的"联姻"。毕竟两心相属，距离不是障碍。

可以想见，在"全面战略伙伴关系"这一新的战略定位下，中阿关系将面临新的机遇，必将达成新的共识，谋取新的发展。"全面战略伙伴关系"同时还意味着，中阿将不仅仅在政治和经济等传统领域扩大和深化合作，也必将提出新的要求，即亟须为"全面战略伙伴关系"的可持续性提供软支撑。这正是开启和扩大中阿人文交流的价值所在。

正是深刻地意识到了这一点，让我感觉自己责无旁贷，因为在我内心深处潜藏着一种强烈的使命感和责任感。

2015 年 4 月，我和一群志同道合的朋友发起成立了"中拉青年学术共同体"（CECLA）。我们的目标是激发当前最有活力的群体——青年的热情，推动中拉青年知识分子通过交互研究、传播和交流增进中国同包括阿根廷在内的拉美国家之间的了解、理解和信任。

同年底，我所任职的中国社会科学院拉丁美洲研究所为适应疾速发展的中阿关系的需要，决定成立中国第一个阿根廷研究中心，借以加强对阿根廷的研究并扩大同阿根廷学界的交流合作。我被委以重任，负责管理该中心的日常工作。不久，我们又联合四川大学拉丁美洲研究所、西安外国语大学拉丁美洲研究中心、吉林大学伊比利亚美洲研究中心、上海大学拉丁美洲研究中心以及中山大学拉丁美洲研究中心，发起成立了以"共建共享"为目标的"中国阿根廷研究共同体"（ACEA），借以壮大中国的阿根廷研究力量，加强国内学者对阿根廷的协同研究。

三年多来，因为阿根廷研究中心，因为中拉青年学术共同体，我结识了很多跟阿根廷结下不解之缘的中国朋友，也结识了许多怀有浓厚中国情结的阿根廷朋友。他们每个人的故事都是诗篇，都是传奇，令人感动而难以忘怀。

正是因为上述种种，当五洲传播出版社找到我，希望由我出面主编这本讲述中阿友好故事的图书时，我实际上颇有迟疑，但最终还是答应了。迟疑是因为 2018 年于我是任务繁重的一年，手头已有几个项目在做，是否有余力接手新项目，能否在如此短的时间内保证高质量出版，是我要考虑的首要问题。与此同时，另一种力量却一直在鼓动着我向前：这是五洲传播出版社"我们和你们"丛书首次将拉美国家纳入其中，可谓开创之作。一种强烈的使命在肩的责任感告诉我：一定要让那些有好故事的人讲好他们的中国—阿根廷故事。

不过，最终让我下定决心接手该项目的是楼宇博士。她于我是朋友，是同事，更是伙伴——她是中拉青年学术共同体的联合发起人之一，同样对阿根廷怀有一种特别的情愫。她径直告诉我：虽然明知会很忙很累，但如果错过阿根廷，你可能会抱憾终生；我来帮你，也不想你错过！事实上，她不只是帮助，而完全是分担了组织和主编的工作：约稿、审稿、编辑诸流程基本上都离不开她的深度参与。因此，这本书的主编实际上不是我一个，而是我们。

能够担纲主编"我们和你们"丛书的第一个拉美分册，我深感荣幸。为此，我要感谢五洲传播出版社国际合作部主任姜珊女士的大力推荐，感谢荆孝敏副社长的长期信赖和支持，感谢中文版责任编辑高磊先生和西文编辑宋歌女士。如果没有他/她们的信任与协助，以及认真而高效的工作，这本书就很难如期且高品质地出版。

当然，这本书得以同时面向中国和阿根廷的读者推出，离不开译者和校对专家毫无怨言的工作。我在此向他们表达诚挚的感谢，感谢他们认真而出色的译作与审校。他们是译者：郭煜坤、郭晓娜、罗慧玲、张贝贝、张超、万戴、朱婉君、侯健；西班牙语审校专家吉列尔莫·布拉沃（Guillermo Bravo）、萨尔瓦多·马里纳罗（Salvador Marinaro）、古斯塔沃·伍（Gustavo Ng）、露西娅·卡索格里奥（Lucía Carzoglio）和萨维娜·拉马略（Sabina Ramallo）。

事实上，我一直在想而且坚定地认为：这本书的组稿和编辑过程本身就是在谱写一首中阿友谊的新歌，它或许恰是本书最精彩的"编外章"。而今，本书虽然即将画上句号，但中国和阿根廷的友好故事仍在继续，我们在彼此心田种下的友谊种子正在发芽长大。

郭存海

中拉青年学术共同体（CECLA）联合发起人兼负责人

中国社会科学院拉丁美洲研究所阿根廷研究中心主任

2018 年 10 月 8 日于北京